保险公估人制度比较研究

赵 明 南凤兰 著

中国金融出版社

责任编辑：方　蔚
责任校对：孙　蕊
责任印制：丁淮宾

图书在版编目（CIP）数据

保险公估人制度比较研究／赵明，南凤兰著.—北京：中国金融出版社，2022.6

ISBN 978-7-5220-1589-7

Ⅰ.①保…　Ⅱ.①赵…②南…　Ⅲ.①保险制度—对比研究—世界　Ⅳ.①F841.0

中国版本图书馆 CIP 数据核字（2022）第 057087 号

保险公估人制度比较研究
BAOXIAN GONGGUREN ZHIDU BIJIAO YANJIU

出版
发行　**中国金融出版社**

社址　北京市丰台区益泽路 2 号
市场开发部　（010)66024766，63805472，63439533（传真）
网上书店　www.cfph.cn
　　　　　（010)66024766，63372837（传真）
读者服务部　（010)66070833，62568380
邮编　100071
经销　新华书店
印刷　北京七彩京通数码快印有限公司
尺寸　155 毫米×230 毫米
印张　11.75
字数　119 千
版次　2022 年 6 月第 1 版
印次　2022 年 6 月第 1 次印刷
定价　50.00 元
ISBN 978-7-5220-1589-7
如出现印装错误本社负责调换　联系电话(010)63263947

PREFACE
前 言

　　保险公估人、保险代理人、保险经纪人构成了保险中介的三大支柱，共同支撑着保险市场的正常运行。与其他保险中介相比，保险公估人制度的发展相对滞后。对于中国保险公估人制度而言，市场主体缺位、业务开展不规范、保险公估人公信力缺乏等均是制约保险公估人制度发展的瓶颈因素。总结国际上保险公估人制度实践，对中国保险公估人制度的进一步探讨与分析，并以此形成完善的制度理论体系，对于促进我国保险行业的高效发展与相关法律制定具有深远意义。

　　本著作以世界上发达国家的保险人公估制度为研究中心，重点梳理出部分代表性国家保险公估人制度的理论与实务，分阶段细致地探讨各国的保险公估人的具体情况与成功经验，并将理论分析上升到法律制度的高度来进行制度设计与措施改进，对于我国尚处于起步阶段的保险公估人制度建设具有较强的现实意义。本著作的研究内容分为以下七章：

　　第一章为绪论。本部分主要提出了研究的具体问题，分析国内外关于保险公估人制度研究的具体情况，并在此基础上阐明本书研究意义、研究方法、研究内容以及独特的创新之处与贡献。

　　第二章为保险公估人制度的起源与内涵。本部分围绕保险公估人制度的起源、内涵与特征展开详细论述。首先，从历史发展的角度对保险公估人制度演变的各阶段进行阐述。其次，从社会运行的角度，围绕保险公估人实践中产生的具体作用，概括出保险公估人制度的重要内涵。最后，从法律的角度分析保险公估人业务实操中应遵循的相关要求和具体规范，总结保险公估人的特征，本章以层层递进的方式描述保险公估人的基本轮廓。

　　第三章为我国保险公估人制度现状与存在问题。本章以国内的保险人公估制度为研究框架，根据以往的文献资料整理出我国保险公估人的制度状况、监管政策、行业自律和业务流程，并分析国内保险公估人制度存在的问题，为后续保险公估人制度的国际对比研究提供思路。

　　第四章为部分发达国家保险公估人制度。本章重点梳理出部分发达国家保险公估人制度的理论与实务，分阶段细致地探讨各国的保险公估人的具体情况与运行经验。

　　第五章为保险公估人制度比较与借鉴。本章主要对保险公估人制度运行中的优点和存在的问题进行介绍，并通过横向对比研究，探讨其对我国保险公估制度的借鉴。

　　第六章为共享公估人模式在中国的认可度研究。基于对共享公估人平台的分析，从公估师对共享平台功能认可和对共享公估人模式认可通过访谈和问卷相结合的方式进行调研。通过对访谈资料的整理分析，总结共享公估人模式现有的弊端，并针对问题提出合适的改进建议。

　　第七章为发展和完善我国保险公估人制度的建议。通过借鉴发达国家保险公估人制度的有益之处，立足于中国保险公估人制度的发展，从角色定位、法律责任构成、监管体系、行业自律规范等方面对完善和改进我国保险公估人制度提出可行的建议。

当前针对保险公估人制度的探索不够深入，制度中的许多研究领域尚处于空白阶段，保险公估人制度的发展模式与现存问题，仍待进一步的完善。本著作着眼于保险公估人制度发展经验的国际比较分析，立足于全方位改善我国的保险公估人制度，意在从理论的高度与社会实践的角度对保险公估人制度的发展提出参考建议。不论是对于今后的保险公估人制度研究，还是我国保险公估实务的制度安排，都具有一定的参考价值。

CONTENTS
目 录

第一章　绪　论

第一节　问题提出

　　保险公估人、保险代理人、保险经纪人构成了保险市场的三大支柱，共同支撑着保险市场的正常运行。《中华人民共和国保险法》第一百二十九条规定："保险活动当事人可以委托保险公估机构等依法设立的独立评估机构或者具有相关专业知识的人员，对保险事故进行评估和鉴定。"从上述规定来看，保险公估是指接受保险当事人委托，独立地对保险事故所涉及的保险标的进行评估、勘验、鉴定、估损、理算等活动的行为。其中保险公估人与保险代理人和保险经纪人不同的是，保险公估人突出一个"公"字，它既可以受雇于保险人，也可以受雇于被保险人，并凭借自身的技术和良好的行业规范，同时维护着保险双方的利益，是保险市场运行的稳定器，也是保障保险业务正常进行的重要环节，因此在保险市场中的地位不言而喻。保险公估人最早起源于英国，并逐步传播到了其他国家，在几个世纪的发展中，公估人的规模逐步扩大，发展过程中逐步形成一套成熟的行业规范。

虽然我国在1927年便成立了第一家民族保险公估行，但是相较于国际上很多国家而言，我国的保险公估行业还处在比较稚嫩的阶段，存在许多问题：（1）保险公估行业缺乏应有的秩序。我国保险市场规模近年来不断扩张，其中保险公估市场也伴随着保险市场急速成长，保险公估机构数量猛增，但这一迅速发展也带来了很多问题，比如操作不规范、监管不到位等。这一系列问题导致公估市场较为混乱，缺乏相应的秩序。（2）保险公估人不能贯彻"公"。我国现在针对保险公估人的相关法律法规还不够完善，而公估人也是主要受雇于保险公司，这种甲乙方的委托关系难免会让保险公估人在工作中偏向保险公司以求获得和保险公司的长期合作关系，不利于理赔程序的公平进行。（3）保险公估市场业务混乱。我国现有的保险理赔案通常是聘请一些外资公估机构或者不规范的国内公估机构进行，外资机构对于国内的评估环境不太熟悉，即使有丰富的经验也会"水土不服"，而国内的一些机构对国内的情况虽很熟悉，但是评估手段还不太成熟，这些都可能造成滥赔的现象，导致公估市场的混乱。（4）保险公估人专业技术不足。随着保险业务的不断拓展和各种新品种保险的诞生，保险公司在理赔过程中所遇到的问题也逐渐复杂，对保险公估人的专业技能提出了更高的要求，然而我国的保险公估人员的职业素质和专业技能并没有和保险的发展达到同步，导致保险公估公司服务质量无法达到实务要求。

要改变中国市场的以上现象，急需借鉴国外的一些先进的发展经验，应用到我国的保险公估人发展上来，促进我国保险公估行业的逐步完善。尤其在我国加入世贸组织以后，保险市场也完全对外开放，国外保险资本大量流向我国，这就更需要我国的保险行业按照国际标准进行规范。

第二节 研究意义

本书对于全方位改善我国的保险公估人制度有着重要的理论和实践意义。不论是对于今后的保险公估人制度研究，还是我国保险公估实务的制度安排，都具有较高的参考价值。

从保险公估的理论角度来看，本书基于国内外的保险公估人的制度现状对现有的文献及资料进行系统的总结和梳理，对现存的研究情况做一个统筹整理，总结和研究不同国家保险公估业的发展历史和现状、发展的内在逻辑规律、改革的相关情况，可以进一步丰富保险公估人的研究储备，为今后对于保险公估人的研究提供了资料支撑，也有助于今后发现保险公估人领域更多元的研究方向，并提供一些新的研究方法和研究视角。

从保险公估的实践角度来看，由于我国保险公估行业发展还处于初级阶段，保险公估人还没有积累足够的经验，需要通过吸取国外发展的先进经验来加快我国保险公估行业前进的步伐。但在学习国外经验过程中，要结合中国的实际，根据我国保险行业的实际情况有针对性地进行借鉴，这样才能真正有助于我国保险公估行业的发展。由于现在保险市场发达的国家较多，而对此方面的研究较少，即使有研究也比较碎片化，没有一个全方位研究各国保险公估人制度的文献。在本书中我们通过收集资料列出国外部分国家保险公估人的具体情况，通过横向比较找出我国保险公估行业存在的不足，提出我国应采取的相关措施。

第三节　研究现状

一、国外研究现状

国外的保险公估人研究主要是从法律的角度来研究保险公估机构。Dennis Colenutt（2004）认为，保险公估人作为美国的保险中介机构之一，和保险中介机构一样，是相对独立的第三方机构，在保险经纪人注册法生效之前，甚至不受到任何重大的监管和控制。Zweifel P 和 Ghermi P（1990）认为中介机构必须通过建立相应的法律法规来保证其独立性，来保证其在其相关的领域能够正常行使其相应的职能。Martina Eckardt（2007）研究显示，美国的保险公估人主要分为理赔公估人、公司公估人、独立公估人和公估局，其中独立公估人独立于任何法律主体，所以能够站在独立第三方的角度来对保险业务做出相应的公估结论。因此从国外的保险公估人研究可以看出，保险公估人只有在形成保障保险公估人独立性的机制后，才能真正地在保险查勘定损的领域内行使一个专业的保险公估机构的权利，扮演其保险理赔环节"公平秤"的角色，这一切都要建立在一定的法律制度的保障基础上。

国外针对保险公估人的相应资质的考核和管理也有一定的研究。Steven Plitt 和 Ryan Sandstorm（2014）认为独立的保险公估人和专业从业人员都需要具有相关的资质，并且需要各州政府严格管理，这也是独立保险公估人接受委托对保险标的查勘定损的前提。Christoper J. Bruce（1983）认为，在英国一般是由拥有相关资质的保险公估从业人员来对汽车保险的理赔过程进行估损，以此保证业务进行的专业性。Dennis Colenutt（2004）认为，保险公估人独立于政府的监管，其从业人员都由保险特许公估师组织进行考核、管理，以此保证保险公估人从业人员的专业性。从中可以看出，每个国家对于保险公估公司及其从业人员的资质管理都十分严格，尤其是从业人员的考核、管理，虽然可能采取的具体方式不同，英国保险公估人的管理由特许公估人协会负责，而美国则是由政府负责，但这都体现了各国对其保险公估业专业性的维护十分重视。

除欧美国家之外，日本和韩国保险公估业务的发展也是较为超前的。龙卫洋、许捷（2001）对韩国和日本的情况下也进行了一些介绍，韩国公估人在保险定损领域发挥着重要的角色，截至20世纪，韩国保险公估人已有两千多人，公估法人单位已经有73个。在韩国，保险公估人主要分为两类，一类是雇佣理赔公估人，另一类是独立理赔公估人，其区别主要在于是否被保险公司所雇佣。韩国公估人是在金融监督委员会的监管下的，而且金融监督委员会还可以要求保险公估人将财产进行抵押一次来约束保险公估人的业务操作行为，当其业务进行期间不符合相关法律法规时还可以直接叫停其业务开展。日本保险公估人主要以个人形式为主，由保险协会进行资格认定，一般直接受聘于保险公司。除了个人形式的保险公估人外还有一定数量的机构保险公估人，比如保险公估事务所。日本公估人制度伴随着多年的发展产生了一定的变化，日本金融危机的影响，公估人的准入制度从封闭式的资格制度逐渐转变到了开放性的资格制度，在现行的制度下慢慢允许外部人员进入保险公估人行业，逐步向着自由化发展靠近，这也在一定程度上促进了日本保险公估人行业的发展。

二、国内研究现状

国内关于保险公估人的研究主要是从保险公估人自身的角度出发进行研究。保险公估人的发展有一定的历史，保险公估人在各国的叫法不尽相同，也可以称为保险公证人、检验人等。虽然称呼大相径庭，但是其实际的职能都是作为掌握专业技术的第三方，为保险公司和被保险人之间的保险业务提供相应的专业服务。保险公估最早起源于英国，1666 年，英国伦敦发生大火，为建筑物所投保的火灾保险的理赔工作十分复杂，并且对专业度要求极高，这催生了保险公估的发展。1961年，英国火险公估协会获得了皇家的特许，变身成为了特许公估师协会。美国在 1937 年成立了独立公估人协会，来为保险公司提供专业服务，1951 年又成立了公共保险公估人协会。从这些都可以看出，国外的保险公估人是有悠久的发展历史的。邓成明、廖仕梅（2001）研究显示，中国虽然在 1927 年就成立了中国第一家保险公估行——上海益中公证行，其也是我国保险公估业的鼻祖，而且 1946 年在国立上海商学院还开设了保险系并开设了公估学的课程，但是这一发展并没有持续。特别是改革开放前我国有长达 20 余年的国内保险业务的停办时期，直到 1979 年中国保险业才重新恢复了业务的开展，中国保险公估业业才又随之进入了新一轮的发展中。

中国保险公估业发展虽然已经走过了四十个年头，但至今仍存在许多问题。首先，和平（2014）指出保险公估人的发展步伐和保险业没有做到同步，而且国内的保险业对公估人的重视度远远没有达到国外的程度，主要体现在公估人对保险理赔定损的参与度不够，从理赔定损业务上看，发达国家80%的理赔定损业务都是由保险公估机构完成的，而国内这一比例不到10%，绝大多数的理赔工作还是由保险公司自己内部的专业人员来完成。张伟霞（2006）认为在我国保险公估主体极速增长的情况下，存在许多操作不规范的问题，理赔业务也十分混乱，而且相关的法律法规也没有完善，没有明确保险公估人的法律地位和法律责任，这也是导致保险公估人地位不高的原因之一。另外，国内保险公估业内部监督管理机制不足，导致存在大量恶性竞争的情况。主要原因在于保险公估业行业自律没有形成规模，对于各公估公司的各项业务开展和日常公司运营没有一个统一的行业内规范，监管力度也不够。保险公估专业委员会虽然成立了自律维权部，但是其监督管理职能的行使还是没有达到公估业发展的要求。而国外保险公估行业已经在行业自律上形成了规模，已经形成了行业自律为主、监督管理为辅的良性发展环境。除此之外，刘昕（2012）认为内部的人才短缺也是重要原因之一。从行业整体情况看来看，一方面高素质人才极度缺乏，虽然近年来保险公估行也在车险领域已经逐渐站稳脚跟，在这方面的人才也有了一定的积累，但是在非车险领域，不论是财产保险还是人身险都略显乏力，没有相应的高素质的专业技术人员，限制了保险公估人的发展，而且现在很多巨灾及相对技术要求较高的查勘定损都还是由保险公司完成，根本没有形成一套围绕公估人的理赔制度，同时也没有给保险公估人一个积累经验和数据的平台，这也限制了公估专业人员的发展，更限制了公估人行业的发展。另一方面，行业也缺乏相应的高水平的管理人员，由于公估公司的底子较薄，行业发展时间不长，因此其中的管理人员大多没有很多公估公司的管理经验，这也导致了在管理人员照搬其他行业的管理经验时遇到了水土不服，影响了公估行业的发展。从机构自身层面上看，一方面因为公估机构发展还是处在初级阶段，保险公估公司薪资水平相对其他行业较低，导致人才紧缺，造成了保险公估机构人才的大量流失，保险公估机构人员流动频繁；另一方面也使得行业内高素质的技术人员成为了香饽饽，各机构不断围绕技术人员进行竞争，造成了内部竞争成本过高，这都不利于保险公估行业形成一个稳定的发展环境。从机构内部人员来看，因为薪资水平不高，难以吸引高素质人才，也导致保险公估机构内部人员平均素质达不到发展的需求，而且因为行业处于发展初期，各机构都是以展业为主，导致高素质技术人员被忽略，展业人员地位过高，也造成了有业务没技术的尴尬局面，内部形成恶性竞争，保险公估行业规模虽然不断增大，但这一缺少核心高素质人员的虚增不利于保险公估行业的长期发展。

上述问题都阻碍了保险公估市场的发展，我们必须尽快解决这些问题以此来促进保险公估业的专业化发展。为了促进保险公估专业化发展，我们急需借鉴国外的先进经验，弥补我国保险公估发展初期的不足，从而促进保险公估企业的专业化与国际化。发展保险公估业，不仅需要保险公估企业内部的国际化、专业化，还需要保险行业协会培养企业的国际化思维和视野，促进巩固企业的国际化，借鉴国外可借鉴的经验，将引进来和走出去相结合，强化国际合作和交流，强化信息、人才、资本的国际流动，从培养国际化人才和国际竞争力，建立中国公估企业的国际品牌。但这些都需要在详细了解我国国内保险公估业发达地区和国际保险公估发达国家的具体情况后，才能进行有针对性的发展。

第四节　研究方法

本书所采用的研究方法包括：

第一，文献研究法。本书通过知网和文献数据库等渠道寻找相关的期刊文章、硕博学位论文以及其他学术文献，通过梳理现存的研究内容及成果，来作为本书的写作基础，为本书的研究提供参考和指引。

第二，访谈分析法。本书通过调研我国保险公估公司制度现状，访谈保险公估人，总结与梳理我国保险公估人的业务操作流程和制度安排。

第三，比较研究法。通过国外的研究文献及国外公估人协会网站上的相关资料收集重点国家关于保险公估人的相关资料，将国外的保险公估人的情况与我国保险公估人进行比较研究。

第四，归纳总结法。将从期刊和论文上收集的我国保险公估人的情况与从国外网站及文献中收集的国外保险公估人的情况进行整理，通过对各发达国家保险公估人的各个方面的说明和优缺点的分析，对比得出各国保险公估人共通的优点，从中找出我国保险公估人值得借鉴的经验，并结合我国的具体情况，总结出适合我国的、能够直接付诸实践的、具体优化措施和方案。

第五节　研究内容

本书以世界部分发达国家的保险公估人为研究对象，通过多种渠道收集资料，研究典型国家保险公估人制度现状与行业发展经验，为完善我国保险公估人制度提供借鉴。本书的主要研究内容包括：

第一章绪论。本部分内容重点分析了当前国内外保险公估人制度背景与现状，并在此基础上提出了本研究的具体问题。同时，对本研究的目的、理论意义和现实价值作出了剖析，并给出了本研究所使用的研究方法及创新与特色。

第二章保险公估人制度的起源与内涵。本部分内容重点梳理了世界范围内保险公估人制度的起源与发展历程，共包括三节内容。第一节保险公估人制度起源，梳理了保险公估业随着保险业发展以及保险业内部矛盾扩大逐渐起源与发展的全过程；第二节保险公估人制度内涵，对保险公估人概念的内涵与外延作出界定，并明确了保险公估人业务范围与职业定位；第三节保险公估人法律特征，从保险公估人法律地位的独立性、立场的中立性、专业的技术性、结论的客观性、结果的经济性五个方面，总结了保险公估人的法律特征。

第三章我国保险公估人制度现状与存在问题。本章共包括五节内容，第一节我国保险公估人制度概况，总结了我国保险公估人的类型、发展历程，并探讨了我国保险公估人制度存在的必要性问题；第二节我国保险公估人监管政策，总结了我国保险公估人的监管机构和监管法律法规，并重点解读了保险公估人监管的相关规定与基本准则；第三节我国保险公估人行业自律，介绍了保险中介行业自律组织和保险中介行业自律组织职能，并探讨了行业自律与法律监管之间相互补充的实践价值；第四节我国保险公估人业务流程，重点围绕如何确定公估委托关系、查勘调查、收集资料、核查验证、评定估算、出具公估报告、整理归集公估档案等程序，对我国保险公估业务流程进行总结；第五节我国保险公估制度存在的问题，总结了我国保险公估业市场认知度不高、公正性与中立性易受怀疑、专业性不能保证、业内资源配置不完善和市场主体少且供给主体混乱等问题。

第四章部分发达国家保险公估人制度。本部分是全书的核心章节，共包括五节内容，分别对美国、英国、日本、德国和新加坡的保险公估人制度进行全面总结与梳理，并细致地探讨不同国家保险公估人制度特色与行业经验。

第五章保险公估人制度比较与借鉴。本章共包括两节内容，第一节发达国家保险公估人制度比较，从保险公估人类型、保险公估人级别、保险公估人业务范围、保险公估人协会组织、保险公估人资格认证、保险公估业监管体系等方面，对不同国家的保险公估人制度进行比较；第二节对我国保险公估人制度的借鉴，从统一政府监管、行业自律与社会监督、提升政府的监管效率、加强中国保险公估专业委员会建设、提升保险公估行业的整体水平等方面，提出了我国保险公估人制度可供借鉴的经验。

第六章共享公估人模式在中国的认可度研究。本章共包括三节内容，第一节共享公估人模式概述，介绍了我国保险公估人创新模式产生的背景与发展现状；第二节对共享公估人平台认可度的访谈，从公估师对共享平台功能认可和对共享公估人模式认可视角，通过访谈和问卷相结合的方式进行调研；第三节完善共享公估人模式的建议，通过对访谈资料的整理分析，总结共享公估人模式现有的弊端，并针对存在的问题提出合适的改进建议。

第七章发展和完善我国保险公估人制度的建议。本章共包括四节内容，第一节保险公估人的法律责任构成，第二节完善保险公估人的监管体系，第三节加强保险公估人行业自律规范，第四节加大保险公估业的创新力度。以上各节内容，均是在借鉴发达国家保险公估人制度有益经验的基础上，总结的完善与改进我国保险公估人制度的具体做法与建议。

第六节　创新与展望

本书在相关研究成果的基础上，梳理了发达国家保险公估人制度现状、存在的问题，并比较了制度之间的共性与不同，为完善中国保险公估人制度提供借鉴，本书创新点如下：

第一，选取的发达国家数量更多、反映内容更全面。以往研究一般只关注美国、英国和日本等，本书选取了美国、英国、日本、德国、新加坡等多个不同国家，在现有研究的基础上拓展了研究范围。

第二，深入比较分析了不同国家保险公估人制度。通过全方位分析世界保险发达国家的各个方面，并进行横向对比来找到保险公估人较为发达国家的共通的、可以借鉴的优点，并分析其不足。

第三，结合我国保险公估人制度特征，提出具有针对性的借鉴。通过分析出世界上保险发达国家的可借鉴的优点和不足之处，并结合我国保险公估人制度的发展现状和我国的国情，提出相应的发展建议及改进措施。

第四，利用与现有研究不同的角度补充现有研究的不足。对于保险公估人的研究近年来比较缺乏，现存研究很多是从法律角度来分析保险公估人现存的相关问题，而本书的贡献就是从保险公估人自身角度出发，从保险专业角度分析保险公估人存在的内生性问题及相关的改进措施，能够真正对于保险公估人今后的发展提供最直接的参考。

本书对保险公估人制度的研究具有一定的创新与贡献意义，但未来仍具有较大的研究空间：

第一，国外资料收集充实度有待提升。本书虽然收集了多个国际发达国家的保险公估人的相关情况，但由于只是从网络上进行收集，渠道比较单一，所以很多资料不易寻找，资料充足度还有一定的欠缺。如果能与国外相关公司或者协会取得联系并合作，会对资料的收集有很多帮助。

第二，与我国保险公估业可进行进一步深度合作研究。本次研究与格林公估公司合作，借鉴格林公估公司提供的真实案例了解我国保险公估业实际的业务流程以及我国的保险公估业制度现状。如果能和更多国内公司合作，就可以掌握我国保险公估业更全面的资料，更有利于深化对于保险公估业的研究。

第二章 保险公估人制度的起源与内涵

第一节 保险公估人制度起源

公估人制度是伴随伦敦大火发生后兴起的建筑物保险而产生的，后来逐渐由英国扩展至世界各地。经过几个世纪的发展，规模慢慢扩大，由兼业经营转变为专业经营，最后形成了一套完整的制度。

一、保险业发展到一定阶段孕育出保险公估人制度

保险公估人制度的萌芽最早在 17 世纪中期的英国出现。保险公估人是市场经济的产物，其产生的必然性在于中立的立场态度和其在保险市场中功能的不可或缺。经济的发展和时间的累积以及保险业的完善，促进了保险公估行业的逐步兴起。而火灾保险理赔工作的日益复杂，对理赔提出了更加专业化的要求，这也成为了促成保险公估业产生重要的动力。

1666 年伦敦市普丁巷（Pudding lane）有一间面包铺失火，而当时的大风天气导致火势循序蔓延，整个城市连续四天都被火海包围，共有 87 间教堂、44 家公司以及 13000 间民房

受到波及，伦敦大约有六分之一的建筑遭到破坏。这场严重的灾难，导致了当时英国经济的下滑，这场大火引发的后果促成了火灾保险公估人的直接产生。18 世纪 90 年代英国的保险理赔业务全部由保险公司来承担，但是由于理赔工作的高技术含量以及需要专业性的知识，使其保险公司内部的理赔人员已经难以处理理赔业务。当时理赔工作由内部理赔工作人员承担，由于业务的开展是以工作经验的多少为基础，要求理赔人员具有对保险事故的发生原因进行分析的能力，并对责任的承担者和残值的估价以及残值的处理进行分析，做出具体的赔偿建议。这一较高的专业性要求对于一些规模较小或者刚成立不久的保险公司来说，它们没有能力完成相关工作，于是需要将与保险理赔工作相关的各行各业的技术人员和具有专业知识的人才纳入保险理赔工作中，帮助保险公司进行理赔工作。

随着保险业的蓬勃发展和保险事故的多发，原来保险公司以本公司职员和具有专业知识的财务人员等处理保险事故，也导致了许多合谋骗保案件的多发，给保险业的发展带来了极大的损害，因此，英国火灾保险协会在 1867 年提出应当由具备专业知识和相应法律地位的第三方，即公估人对保险事故中的赔偿问题进行独立的调查。防火保险委员会要求保险公司在发生火灾理赔时必须委托独立第三方对火灾进行调查，并提交火灾原因的报告，才能进行保险理赔。这种规定使调查结果更加公正，不受保险合同当事人的主观因素影响。至此，保险公司在进行理赔时雇佣具有专业知识的公估人独立进行财产损害评估，逐渐成为保险行业的一种习惯，保险公估业开始了崭新的路程。

随着经济的快速发展，其他经济较为发达的国家皆出现了保险公估业的身影。保险公估人组织形式越来越趋向成熟，更突破了国界的限制，形成了跨国公估业务，业务范围也逐步扩大，从火灾保险发展到现在多领域皆有涉及，其公正性和技术权威性在保险市场中也越来越受到认可，并为保险业务开展护航，成为保险市场重要的组成部分。经过长时间的发展，因为文化背景、经济发展程度的不同，所以也就出现了不同地区具有不同特色的保险公估业。

上海益中拍卖公证行可以说是我国最早产生的具有保险公估职能的机构。此行是家族性质的企业，虽然没有保险公估人字样的出现，但是上海益中拍卖公证行内部机构包括了拍卖、公证、鉴定等功能，和现代保险公估人制度相比，已经具有了一些现代的专门公司从事保险公估事务的功能，这为后续我国保险公估人制度发展提供了基础，与此同时我国保险公估业也开始了走上了新的发展道路。虽然早在 20 世纪 20 年代保险公估人制度就已经进入中国，但真正意义上的第一家新中国商业性保险公估机构"保险理赔公证技术服务中心"是到了 1990 年才在内蒙古自治区正式建立。现今，虽然保险中介行业已经发展到了一定的高度，但保险公估人制度的不完善已影响了保险行业的发展。

二、保险公估人制度是社会分工和商品交换的结果

在保险买卖这一商品交换行为的最初时期，保险公估并不存在。随着社会的发展，交易的种类、规模都日益发展，对于技术的要求也越来越高。为了在解决信息不对称的同时提高生

产效率，社会分工开始更加细化，一部分拥有特殊技术和信息的人开始专门从事保险技能和信息的服务，成为了最早的一批保险公估人。他们利用自身的专业技术为保险人或者被保险人提供相应的信息和服务，以此来满足保险业的需求。

保险公估业能够从保险行业中独立出来并不断发展完善是有其原因的。主要有以下几个方面：（1）形成种属能力。保险公估人之间在采集信息、查勘定损、评估理算时可以相互协作，形成种属能力，比单个保险人独自进行效率要高。（2）提高社会平均劳动技能。保险公估人的出现使得理赔走向了规范化、技术化、专业化，一定程度上减轻了保险人的负担。（3）降低劳动成本。保险公估人掌握的专业技术和积累的充足信息，可以一定程度上降低社会总成本和保险人的经营费用。

三、保险公估人制度是调和保险业内部矛盾的途径

第一，保险人与被保险人的矛盾。在保费收入固定的情况下，保险人的利润和保险人赔付的金额间有着很大的联系。保险人利润的多少就在于实际赔付率和期望赔付率之间的差，因此保险人为获得更多的利润会尽量减少保险金的赔付，而被保险人的意愿则与其相反，他们希望在出险后得到尽可能多的保险金，被保险人的期望值与保险人惜赔的冲突便由此产生。在这种心理下，面对同一件保险理赔案，双方会各执一词，纠纷迭起，或仲裁，或诉讼。保险人的无理拒赔、惜赔，被保险人的欺诈、虚报或与保险公司雇员、代理人串谋骗赔事件时有发生，这些都会给保险人与被保险人带来一定的冲突，并且容易造成保险业经营的混乱，这对保险双方当事人都有一定的损

害。而且保险合同一般是附合合同，条款内容多是保险人单方拟定，被保险人只能被动选择接受或者不接受。被保险人对于保险专业知识的不了解和长期以来对保险人的不信任，都阻碍了保险业的发展。而这种矛盾的进一步发展和扩大，成为了保险公估人产生的内在动力。

第二，专业技能供给与需求的矛盾。保险业务在运行过程中通常涉及各行各业，因此理赔工作也与各行各业息息相关，这也就造成了保险业对于复合型人才和专业化设备有着相当高的需求。在实际工作中，保险公司理赔部的工作人员一般仅仅掌握着保险及经济方面的知识，但对于保险标的检验定损的工程技术却知之甚少。如果购买大量的专业化设备对于资金的占用量过大，一定程度上会削弱保险人的经营能力。因此保险公司一般不可能做到集专家、技术人员以及专业设备于一身。这也就产生了专业技能的供需矛盾。而保险公估人作为中介，是对于这种矛盾来说最好的调和剂。

因此，由于社会分工和商品交换相互作用、保险业的发展以及保险内部矛盾的发展与扩大化，保险公估人产生并得到发展。

第二节　保险公估人制度内涵

保险中介机构的发展状况是一个国家保险业发展好坏的重要指标。保险公估人、保险代理人、保险经纪人共同构成了保险中介机构，是保险中介机构的三大重要支柱，在保险业中都发挥了不可替代的作用。随着保险业的专业化发展以及社会公众对估损理赔公正性呼声的不断提高，保险公估人的作用越来越大。本节主要描述保险公估人制度的相关问题，明确保险公估人制度的相关概念以及我国保险公估人的制度情况及发展现状。

一、保险公估人是市场主体

保险公估机构是独立的市场主体，根据《公司法》与《合伙企业法》的要求，一般采取公司或者合伙企业的组织形式。保险公估人是有法人资格的，可以以法人名义进行民事活动，也享有民事权利，需要承担相应的民事责任。保险公估法律关系的本质是一种民事平等主体之间的委托关系，委托方既可以是保险人，也可以是投保人、被保险人或者受益人。保险公估人是营利性的组织，有权在提供服务后要求委托方支付报酬。同时，作为市场主体的保险公估人应当接受银保监会的监管，保险公估人的违法行为造成损失的，将会受到银保监会的行政处罚。另外，作为市场主体的保险公估人也面临着市场竞争，保险评估的职能是从保险公司内部分离出来的，因此保险公司是保险公估人在保险估损理赔业务中的最大竞争者。

二、保险公估人是专业机构

保险公估机构是专业机构，其专业性主要体现在机构内部从业人员的专业性上，拥有一定数量具备资质的保险公估从业人员是保险公估机构的设立条件。而只有具有特定专业背景、符合一定条件的人才能获取保险公估从业人员执业资格。专业

人员应当具备以下三方面的专业知识：第一，保险基本理论与
基本操作；第二，资产评估原理、方法与操作规程；第三，针
对保险标的所具备的专有知识、比如建筑工程相关知识、海上
运输相关知识等。

三、保险公估人是中介机构

保险中介机构由保险公估人、代理人、经纪人共同构
成，但保险公估人与保险代理人和保险经纪人不同，保险人的
利益由保险代理人代表，被保险人的利益由保险经纪人代
表，而保险公估人则并不站在任何一方的立场上，而是以一个
中立的角度进行评估鉴定，虽然保险公估人一般是由保险人或
者被保险人委托而参与到保险业务运行中的，但它并不代表其
委托人的利益，而是作为第三方对保险事故和保险标的进行公
估。在制度设计上比保险公司内部进行估损理赔更具专业性和
公正性。

四、保险公估人是评估机构

保监会根据《资产评估法》而发布的《中国保监会关于
做好保险公估机构业务备案及监管工作的通知》规定，保险公
估机构是评估机构。此定义抓住了保险公估人的本质特点，但
也造成保险公估人法律概念的外延变窄，我们通常意义上认为
评估机构是指资产评估机构，而且《资产评估法》也直接以
"资产评估"作为法律名称。本书认为资产评估机构和保险公
估机构在评估对象、评估依据、评估手段以及评估结论上是有
所不同的。

第一，评估对象不同。与资产评估机构的评估对象不同，保险公估机构的评估对象主要是保险标的或保险事故，而资产评估机构主要是评估不动产、动产、无形资产和其他经济权益等。第二，评估依据不同。资产评估机构依据资产的原值、年限、寿命和剩余值进行计算，而保险公估机构除了一般的资产评估外还要根据保险标的的特性、风险因素等计算承保风险范围和对此估损理赔。第三，评估手段不同。资产评估的手段是评定、估算等，而保险公估机构的评估手段为评估、勘验、鉴定、残值处理、风险评估等。保险的种类繁多，除了财产保险之外还有人身保险、责任保险等。当保险标的不是经济性权益时，承保公估和理赔公估的手段就与资产评估完全不同。第四，评估结论不同。资产评估机构出具的是资产评估报告，而保险公估机构出具的是保险公估报告。

在《资产评估法》立法过程中就对立法名称选择问题提出过众多建议。"资产评估"是指财政部门长期以来主管的评估业务，而《资产评估法》的名称无法涵盖房地产、土地、矿业权、保险公估等其他行业。因此在征求意见的过程中，有很多关于名称的修改意见，有人提出应当将法律命名为"评估法"的修改意见是有一定的合理性的，将《资产评估法》无法涵盖保险公估机构的问题得以解决，但是也有人认为该名称的范围过宽。根据《现代汉语词典》，"评估"是指评价、估量、测算。除了资产评估之外还有比如对学校的办学水平评估、环境影响评估、社会稳定风险评估等。因此将立法名称用作"评估法"可能会导致法律调整范围的无限放大。人大常委会法工委的工作人员在接受采访中解释道，应当将资产评估的概念进行广义理解，任何类型的评估只要能够最终将评估标的的价值以货币形式予以反映的都属于"资产评估"的范畴。因此，立法名称被选择为《资产评估法》是合理的。

从《资产评估法》的内容上看，主要包括评估专业人员、评估机构、评估程序、行业协会、监督管理以及法律责任，是对于评估机构的统领性、概括性行为规范。因此，我们可以对资产评估做广义理解，依法将保险公估机构作为（资产）评估机构的一个重要部分，并将其定性为评估机构。

第三节　保险公估人法律特征

保险公估人的法律特征是相对于保险代理人、保险经纪人等保险中介组织，以及部分具有公估职能的行政机关、市场主体等而言的。研究保险公估人的法律特征有助于明确保险公估人的法律地位以及该制度的价值追求。

一、地位的独立性

在保险中介服务机构中，保险公估人的地位比保险代理人和保险经纪人都更为独立。保险估损理赔的职能原先属于保险公司内部的理赔部门，但其既是保险法律关系中的一方，又成为双方直接经济权益的裁判者，难免会影响保险理赔结论的公正性。而保险公估人是独立的民事主体，需要对其行为承担法律责任，作为没有利害关系的非当事人、中间人或第三者，可以接受保险人或被保险人的委托，不受任何一方的制约与干预，做出独立、客观、公正的保险公估结论。此外，保险公估人和其他保险当事人在经济上都是相互独立的，并没有关联关系。保险公估人其独立和中立性也决定了需要依法承担因自身过错给保险当事人造成损害时的法律责任。

二、立场的中立性

保险公估人作为没有利害关系的非当事人、中间人或第三方，以中立立场作为第三方，以自身声誉做担保，保险公估人因这种独立性易为保险合同双方接受，以便于理赔活动的顺利运行。在公开、公平、公正的基础上，根据当事人双方签订的保险合同，运用保险公估人自身所掌握的专业知识，对委托人的委托事项进行勘验和评估工作，以做出的报告得到双方当事人的认可，兼顾双方利益，协调当事人之间关系为主要目的。

三、专业的技术性

保险业是极具专业性的行业，而保险公估人是保险业专业化、分工化的产物。法律规定了保险公估人的业务范围：发生保险事故前的开展范围是对保险标的进行检测、评估保险标的的现有价值及对保险标的发生危险系数的可能性进行预测；发生保险事故后对保险标的进行技术性的查勘、检验，进而计算出其损失价值和剩余价值并给出保险公估报告。保险公估人可以参与到任何阶段的保险业务，所以就要求保险公估人具有全面的专业知识和精湛的专业技能来解决保险过程中所发现的问题。由于业务需要涉及各行各业，所以要求保险公估从业人员不光要掌握保险、法律、会计等专业知识，还需要掌握与损失对象相关的专业知识。在掌握知识的基础上还需要有良好的沟通协调能力以适应不同环境的工作需要。保险公估法律关系是说保险公估人与保险当事人之间是平等民事委托关系，而同时，作为专业机构的保险公估人，在勘测、评估以及出具报告的过程中有很高的个人主观性，这使得保险公估人在日常业务运行中会潜藏很高的职业风险，一旦对保险当事人造成损失，就需要承担相应的民事赔偿责任。因此保险公估人的民事法律责任是指保险公估人在执业过程中因主观过错对委托人或第三方造成损害所要承担的法律后果，但我国对于这部分保险公估人法律责任的法律规定并不完善。

四、结论的客观性

保险公估人要在法律许可的范围内从事相关业务。就保险公估行为而言，保险公估人的独立、中立性决定在承保前后对保险标的评估时，不能凭空捏造结论，需要按照相应的法律法规进行，做到有法可依，保证结论的客观性。保险公估人分析理算的数据都是在现场查勘的基础上得来的，必须做到客观、真实、可靠。在现场查勘前先需要客观全面地调查，以此来掌握真实的资料数据。在对受损标的进行检验时，保险公估人应当根据现场情况，实事求是地进行勘验、鉴定，不能有任何隐瞒和串通的行为，其出具的保险公估报告应当真实可信。最终出具的报告必须是建立在准确、客观、真实的基础上得出的结论。结论的客观性要求保险公估人在参与公估业务时的公平、公正与开展公估业务时必须实事求是，结论的客观性也决定公估人在保险市场业务中的不可替代性。

五、结果的经济性

保险公估人存在的经济价值得以实现的一个前提是保险当事人共同接受公估结果。保险公估人以及公估机构储备的专业从业人员运用自身的专业知识，客观、真实地对当事人的委托进行专业评估并出具报告，使得双方当事人可以协商解决合同约定事项，并为此提供事实依据。特别是随着经济不断发展，经济的规模也在不断扩大，这也导致承保的风险单位不断扩大，标的类型越来越多，查勘定损技术日趋复杂，造成单个保险人在资本约束下难以长期储备承保不同类型标的的保险专业理赔人员。因此，保险人的日常业务需要保险公估人进行协助。另外，保险公估人会接受众多保险人的委托，有处理不同类型的公估和理赔业务的需要，因此其使用、储备专业人员的经济性能够得到有效的保障。在保险合同签订前，公估人对投保的标的物进行评估，使双方当事人对保险标的物存在的风险有共同的风险认识，减少因对风险认识不同产生的纠纷；保险合同签订后，发生保险事故时，公估人对标的物的残存价值和事故风险责任的分析，可以降低保险双方当事人的成本，同时保障被保险人能够获得合理的经济补偿，有利于减少纠纷，节省司法资源，最终能提高整个保险市场的活跃度。

第三章 我国保险公估人制度现状与存在问题

第一节 我国保险公估人制度概况

一、我国保险公估人的法律意义

保险公估是指受保险合同当事人或者其他委托方的委托,并收取相应的费用,对保险标的进行查勘定损以及赔款的理算,出具公估报告书的行为。依据《保险公估人监管规定》:保险公估,是指评估机构及其评估专业人员接受委托,对保险标的或者保险事故进行评估、勘验、鉴定、估损理算以及相关的风险评估。保险公估人是专门从事上述业务的评估机构,包括保险公估机构及其分支机构。保险公估机构包括保险公估公司和保险公估合伙企业。

二、我国保险公估人类型

对于保险公估人的分类,主要还是参考国际上已形成的保险公估人分类,其划分标准包括以下五方面:

（一）根据保险公估人处理业务先后顺序的不同

根据保险公估人从事业务先后顺序的不同可分为承保公估人和理赔公估人。承保公估人主要对保险标的的价值和风险进行评估并向保险人提供相应报告。承保公估人的查勘报告是保险人审核自身承保能力的一个重要参考。理赔公估人主要是在合同约定的保险事故发生后，接受委托人的委托对保险标的进行查勘定损的专业公估人。理赔公估人包括损失理算师、损失鉴定人和损失评估人。依据国际保险实务习惯，损失理算师又可分为陆上损失理算师和海损鉴定人。损失鉴定人负责对于事故发生原因进行探查，并判断是否有除外责任因素或第三者责任发生，并确认保险标的的损失。损失评估人一般接受被保险人的委托，对保险标的进行查勘定损，他们致力于保护被保险人的利益。在我国，保险公估人制度主要还是以保险公估人为主。

（二）根据公估人操作的侧重点不同

第一类属于保险型公估人，这类保险公估人主要解决保险的专业问题，一般对保险、金融、经济等知识比较了解，但对于其他领域的专业知识却了解颇少，对于技术型问题的解决只能是辅助进行。第二类属于技术型公估人，这类保险公估人主要致力于解决技术方面的问题，对于保险方面的问题解决得很少。第三类属于综合型公估人，这类保险公估人不光对经济比较了解，对于其他领域专业知识也了解颇多，知识较为全面。

（三）根据处理险种业务的不同

第一类是海上保险公估人，这类保险公估人主要处理海上运输保险及航空运输保险等业务，这些大多是国际型的保险，一旦出现涉及当事人较多，一般很难达成一致意见，所以通常需要委托保险公估人独立地进行理算等事项。因此海上保险公估人应运而生。第二类是汽车保险公估人，汽车保险在各国保险市场上占据着一定的比例，所以对于汽车保险的公估业务保险公估人也十分重视。公估人之所以参与理赔公估，主要旨在减少保险公司和被保险人的直接冲突，并避免保险当事人与其他当事人骗取保险赔款的行为，而且还可以有效制止车险理赔中的不正当行为，为各保险公司创造一个更平等的市场竞争环境。第三类是处理火灾及特种保险等业务的火灾及特种保险公估人。随着社会的发展和科技的进步，保险人的财产保险业务承保范围不断扩大，理赔的技术要求不断提高，保险公司独自处理理赔难度加大，因此大量掌握专业技术的保险公估人的出现恰恰满足了火灾和特种保险的理赔需要。此外，还有一类主要从事责任保险的公估业务。

（四）根据委托方的不同

一类是接受保险公司委托的保险公估人（Insurance Loss Adjusters）。另一类则是接受被保险人委托的保险公估人（Assessors），他们只会接受被保险人的委托进行查勘定损，并不会接受保险公司的委托，而我国的保险公估人主要还是以接受保险公司的委托为主。

（五）根据保险公估人和委托方的关系

一类是雇佣保险公估人，主要指长期受雇于一家保险公司，按照该公司的要求处理各项理赔业务，一般不可以接受其他保险公司的委托业务。另一类是独立保险公估人，这类保险公估人可以接受多家保险公司的委托进行业务开展，这种委托与被委托的关系是暂时的，一旦完成了委托业务，委托关系也会结束。

三、我国保险公估人制度的发展历程

（一）我国保险公估人制度的出现背景

保险公估人制度最早起源于英国。17世纪时，英国商人们因英国在世界贸易和航运中的垄断优势能够更好地扩大海上保险业务规模。而在伦敦大火后，保险的思想更加深入人心，又有许多人开始创办保险公司，导致保险公司的数量急剧增加，保险市场主体之间的竞争愈加激烈，这种竞争也促使了保险公估业的产生。

但于我国而言，我国的保险公估业本身并非是因我国对保险的需求自发产生的，而是由西方国家带进我国的，而在保险公估最早进入我国时，我国并没有相应的保险公估制度。1927年上海益中拍卖公证行成立，这是我国第一家保险公估行。到了20世纪40年代，民族保险公证行发展到了十家左右，与其他八家外资公证行共同形成了保险公估市场，在保险市场中起到了举足轻重的作用。然而在当时，由于外商公证行的数量和实力均远超国人自办的公证行，我国的保险公证业务几乎全部被垄断，经过各地商业公会等民间组织的抵抗才逐渐打破这种垄断的局面。我国保险公估业在此时由于战争的影响并未得以顺利发展。新中国成立后，保险业务被暂停，这也导致了保险公估业的衰落，从而导致了保险公证行的逐渐消失。

（二）新中国成立后保险公估人制度的发展

党的十一届三中全会后，我国重新开办保险业务，保险公估业也再一次出现。20世纪90年代前，我国保险公估业没有好的机会进行发展，因此我国也没有建立相应的保险公估人制度。但在90年代后，随着保险公司注重保险服务，保险公估业开始发展。1990年，第一家现代公估人——保险理赔公估技术服务中心在内蒙古自治区正式成立，这是我国商业性保险公估人发展的里程碑，也是新中国现代保险公估业的良好示范。1993年，东方公估行作为新中国第一家民间检验机构在上海成立，同时，靠着国家政策的扶持，我国保险公估机构数量也慢慢增多，许多境外保险公估行也开始在我国设立代表处。我国的保险公估业在这时得到了快速发展。市场主体的快速增长导致我国保险公估市场无序竞争，引起了国家对保险公估业的关注，而我国也开始形成了自己的保险公估人制度，对我国保险公估人业务的进行有了一定限制，但随着政策的出台，部分保险公估机构退出了市场，我国保险公估人发展也进入了瓶颈。自1998年中国保险监督管理委员会成立后，我国的保险业走向了较为规范的发展轨道。中国保险监督管理委员会（现中国银行保险监督管理委员会）先后颁布了《保险公估人管理规定（试行）》和《保险公估人监管规定》，保险公估人也因此实现由传统模式转向分权限独立的模式。

保险公估人与保险经纪人、保险代理人构成了我国的保险中介市场。投保人、保险中介和保险人又构成了我国的保险市场。随着我国保险市场的发展，保险公司积累的风险也越来大，为了保证保险公司稳健经营和获益，对于保险公估的需求也在不断增强，这种需求是我国保险公估业发展的必要条件。改革开放政策和我国加入世贸组织，不仅为我国国际贸易提供了良好的发展条件，同时还为我国保险公估业的发展提供了众多的国外先进经验。比起其他两类保险中介，保险公估业仍然有很大的发展空间，我国现有的保险公估人制度中的问题随着发展的同时也逐渐浮现，因此对我国来说，促进保险公估业的发展就是在促进保险公估人制度的完善。

四、我国现代保险公估人制度存在的必要性

保险人、保险中介人和投保人共同构成我国的保险市场。其中保险中介人又包括保险经纪人、保险代理人和保险公估人。三者在保险市场中有着不同的地位和作用。但在我国，保险公估人的发展不如其他两类保险中介人，因此，保险公估人制度的建立和完善就是对我国保险市场主体的完善。

保险人与被保险人之间是一种对立统一的关系，双方因为保险而统一，因履行保险合同的意见而对立。随着我国保险市场的发展，保险人与被保险人之间需要形成一种平等的商业关系。而现在的保险市场中，由于保险双方信息不对称导致了双方地位不平等。在我国保险案件理赔的过程中，通常是由保险公司来确定是否赔偿以及赔偿金额的问题，这便难以做到秉持公平公正态度来处理案件。保险公估人作为保险中介人之一，独立于保险人与被保险人之间，由保险公估人来做出较为公平的鉴定，有助于缓解保险人与被保险人之间的利益冲突。所以，建立保险公估人制度可缓和保险双方的利益冲突，减少

矛盾的产生。

在国际保险活动中，通常是保险公估人对保险标的进行查勘定损。在处理国际保险业务时，国际上一般由保险公估介入，这也容易被贸易双方认可和接受。我国加入世贸组织后，国际贸易往来增多，也对我国建立并完善保险公估人制度提出了要求，有利于我国保险活动更符合国际惯例的要求。建立保险公估人制度有利于保险理赔规范化。对于保险公司而言，在理赔过程中难免会遇到一些棘手的案件，对于被保险人也会有对保险公司理算存疑的情况。而建立保险公估人制度后，由保险公估人进行查勘定损并出具公估报告，保险公司在审查报告无误后进行赔付。对保险公司来说节约了人力和时间成本，而被保险人也可迅速得到赔偿。

第二节　我国保险公估人监管政策

一、监管机构简介

2018 年 3 月，根据国务院机构改革方案，对中国保险监督管理委员会的职责进行整合，成立了中国银行保险监督管理委员会（以下简称银保监会）；将中国保险监督管理委员会审慎监管基本制度的职责划入中国人民银行并不再保留中国保险监督管理委员会。保险中介机构的准入由银保监会的保险中介监管部负责，并由银保监会拟定保险中介从业人员的行为规范和从业要求，对保险中介机构的业务进行监督，对违法违规的行为进行处罚。

二、保险公估监管的法律法规

（一）保险公估人监管规定

《保险公估人监管规定》是根据《中华人民共和国保险法》和《中华人民共和国资产评估法》等法律、行政法规，为规范保险公估人市场行为，维护市场秩序，保护保险合同当事人的相关利益而制定的。从经营条件、经营规则、市场退出、行业自律、监督检查和法律责任这几个方面的监管作出较为详细的规定。

1. 颁布背景

保险公估人提供的公估报告在理赔中起到了至关重要的作用，更为保险纠纷案件的审理提供了重要参考。但现有模式对证据类型定位并不明确，配套规定缺失导致在实践中会对公估报告的证据类型存疑。而关于保险事故的查勘定损是否只能由保险公司来进行并未明确规定。保险公估人制度并没有使得保险市场更加公正客观，我国保险公估机构普遍生存困难，资金短缺、技术力量弱、专业人才稀缺、管理制度不健全都是造成我国保险公估机构现状的重要原因。在此背景下，2018 年 2 月保监会颁布了《保险公估人监管规定》（以下简称《规定》）。

2. 主要内容

在《保险公估机构监管规定》《保险经纪从业人员、保险公估从业人员监管办法》的基础上，《规定》有了以下增改：对于经营条件有了更加明确的要求；对保险公估机构的经营管理和从业人员执业资格监管更加严格；对从业禁止行为进行了明确说明，并加大了处罚力度，旨在规范市场秩序；对保险中介行业自律组织要求依法制定行业自律规则。

第一，对经营条件的规定。《规定》中要求保险公估人需要采用合伙或者公司形式聘用从业人员，并且需要建立完整的从业人员档案。不管是采取合伙形式还是采取公司形式，保险公估人在设立时拥有的公估师有数量要求的同时，还要求近三年没有受到停止从业处罚。对于有成为保险公估人的股东或合伙人意愿的单位或个人需符合本《规定》中的要求；以上要求均符合的可向工商行政管理部门申请办理登记设立保险公估人。保险公估机构进行业务经营不光需要符合《规定》中涉及的条件，还需要进行备案，全国性公司形式保险公估机构要向中国保监会进行备案，区域性机构需要向工商注册登记地中国保监会派出机构进行备案。全国性保险公估机构和区域性保险公估机构的区别主要在于能否在工商注册登记所在地区开展业务、设立分支机构。保险公估机构及其分支机构需在规定日期内向中国保监会及其派出机构完成备案并提交材料方可经营保险公估业务，中国保监会及其派出机构应在网站上将符合要求的备案情况进行公示，完成备案工作。保险公估人应当自工商变更登记或者变更决议作出之日起五日内，通过中国保监会要求的监管信息系统报告，并进行公开披露。如果保险公估人在业务过程中有不当行为，中国保监会及其派出机构会针对其情形严重程度进行相应的处罚。

保险公估从业人员不仅需要公估业务必备的专业能力，还需要具备良好的职业道德。单个保险公估从业人员只能服务于一家保险公估公司，只能通过一家保险公估公司进行职业登记。如果变更所属保险公估人，则新的所属公司需要重新为其进行职业登记。原所属保险公估人应当将原登记注销。保险公估从业人员在依法享有相应权利的同时，也应当履行其应尽的义务，拒绝发生不正当的或违反法律、行政法规的行为。保险公估人的董事长、执行董事和高级管理人员不仅需要有一定的经营管理能力，还需要具备一定的学历和相关工作经验，且不能兼任多家分支机构的负责人。保险公估人需要与高级管理人员签订劳动合同建立劳动关系，并在中国保监会规定的监管信息系统中登记。中国保监会派出机构可以对保险公估人聘用的董事长、执行董事和高级管理人员进行考察，对于不合格人员可以要求保险公估人进行替换。保险公估人如果要任命临时负责人，则其任职时间不得超过三个月，并且同一职务不能连续任命临时负责人。

第二，经营条件是对保险公估机构、从业人员和高管人员的要求，经营规则则是对保险公估机构在进行保险公估业务时的要求。《规定》确定了保险公估人的业务经营范围，包括保险标的承保前后的检验、风险评估和价格估计，保险标的出险后的查勘定损以及残值处理，还有提供相应的风险管理咨询及中国保监会规定的其他业务。保险公估人从事公估业务时，需要与委托人签订委托合同，在合同中对双方的权利义务以及公估信息保密等事项进行规定。在业务开展时，应当向客户出示制作规范的客户告知书，并且指定至少两名保险公估从业人员处理保险公估业务。承办业务的保险公估从业人员应当恰当选择评估方法，得出评估结果后出具公估报告，并在公估报告上签名以及加盖保险公估机构印章。保险公估人因其需要对其出具的公估报告承担法律责任，所以一般会对公估报告进行内部审核。如果在合同履行的过程中出现了委托人违反合同要求的情形，则保险公估人有权依法拒绝履行合同。保险公估人应当对其收入建立相应的账簿，详细记载业务过程中的收入情况，并且要建立收取保险公估业务报酬的资金专用账户。在会计年度结束后，保险公估机构都会聘请会计师事务所对于机构的财务状况进行审计，并在会计年度后四个月内向中国保监会派出机构报送审计报告。保险公估人应当建立全面的内部管理制度，对公估机构的从业人员遵守法律法规和行业准则的情况进行监管，还要规范其从业行为。保险公估人应当在规定时间内，建立职业风险基金以应对业务需要，或者办理职业责任保险，完善风险规范流程。保险公估人对公估从业人员应当进行规范的管理，包括职业信息登记管理、接受处罚、聘用关系终止等情况的登记，确保执业登记信息的真实及准确性。保险公估人应当根据法律法规和保监会的规定，构建公司内部管理结构和管理制度，明确各级管理责任，构建合规体系，确保公司的业务稳健运行。

第三，市场退出保险公估机构实行年报制度，公估机构应当于每年一月三十一日前提交上一年度报告。对于没有按照监管要求提交相应的年度报告的保险公估机构，保监会及其派出机构应当采取措施；对于保险公估机构分支机构经营管理混乱，涉嫌从事重大违法违规活动的，中国保监会及其派出机构可依据法规对其进行相应的处罚并采取合法措施。保险公估人终止保险公估业务活动，应当在 5 日内注销保险公估从业人员执业登记并妥善处理债权债务关系，不得损害委托人和其他相关当事人的合法权益。

第四，监督检查。在保险公估机构进行保险公估业务时，中国保监会及其派出机构需要按照属地负责监督辖区内保险公估人及其日常公估业务开展，一般分为现场检查和非现场检查两种形式。根据监管需要，中国保监会及其派出机构可以对于保险公估人相关人员进行谈话，相关人员一般包括董事长、执行董事和高级管理人员，要求相关人员就其经营活动的重要事项进行说明，或者委派中国保监会及其派出机构的工作人员列席保险公估人股东会、合伙人会议、董事会。现场检查内容主要包括：是否按规定进行备案和报告；是否按规定建立职业风险基金或者职业责任保险；是否合法经营；财务状况是否良好；是否按时提交财务报告；是否建立了符合中国保监会规定的内控制度；是否按规定管理分支机构，是否按规定聘用了董事长、执行董事和高级管理人员；是否按照保监会规定建立业务、财务信息系统。保险公估人应当积极配合中国保监会及其派出机构的现场检查任务，不得在监督检查的过程中有拒绝妨碍的行为。而现场检查中，中国保监会及其派出机构可以委托会计师事务所等机构提供现场检查服务，签订委托协议，并将委托事项提前向保险公估人进行告知。

第五，法律责任。保险公估人及保险公估从业人员若出现违反规定的情况，视情节严重程度进行相应的处罚。若出现违反规定的情况，中国保监会及其派出机构除进行处罚外还会责令改正或予以警告，当保险公估人及保险公估从业人员在一定期限内多次受到责令改正或警告时，中国保监会会责令其停业或停止从业。即便在离职后被发现了有违反规定的情况，也会依法追究其责任。中国保监会会将违法行为依法通报，并向社会公开。对于构成犯罪的行为，依法追究相关责任人刑事责任。

新颁布的《规定》相较于以往的《保险公估机构监管规定》有了一定的创新和改变。从总体层面上来讲，对公估报告有了明确的定位，并将公估报告纳入了资产评估体系的范围之中；允许资产评估机构开展保险公估业务；扩大了保险公估从业人员的范围，用执业登记代替了以往的《保险公估资格证书》和备案；从公估机构许可制变更为现在的备案制；通过建立职业风险基金或者投保职业责任保险的方式来控制执业风险；更改公估报告的签署方式等。这些创新与改变较之原有规定更为合理，将会促进保险公估业的发展。

（二）保险公估人基本准则

保险公估人基本准则依据《保险法》《资产评估法》《保险公估人监管规定》等法律法规，是以规范保险公估执业行为、保证执业质量、明确执业责任、保护保险公估活动当事人的合法权益和公共利益、维护市场秩序为目的而制定的，共包括总则、基本遵循、保险公估程序、保险公估报告、保险公估档案这几个方面。

一是基本遵循。保险公估人和其下属的从业人员应当严格遵守相应的法律法规，本着客观、公正的原则开展公估业务，保证公估业务的独立性。在开展业务过程中，从业人员享有《规定》中的权利和义务，任何单位不得干涉保险公估人和从业人员进行调查评估和出具专业意见。公估从业人员也应当掌握相应的专业知识以适应保险公估业务需要，并不断提高自身的专业能力。同时，保险公估公司应当对其所属从业人员进行相应的岗位培训和后续教育，保证其专业素养。

二是保险公估程序。保险公估人在接受委托人委托的公估业务前，需要与委托人和公估活动当事人明确双方的权利义务关系；公估计划，包括业务进行过程中的各项内容，比如业务过程、进度表和人员安排等；公估费用、费用支付期限和费用支付方式；明确委托人、其他公估当事人和保险公估人之前的重要事项及其他基本事项。保险公估人和其下属从业人员需要合理合法地使用不同的技术手段，根据不同的具体业务情况，以客观事实为依据选择评估方式。如果委托人和其他公估当事人未配合保险公估人提供或者未如实提供公估业务所需相关资料的，保险公估人有权依法拒绝履行合同，且要求委托人和其他公估当事人承担相应的法律责任。保险公估人如果缺乏特定业务的专业知识时，应当采取其他措施予以弥补，比如寻求其他拥有特定业务专业知识的机构或者专家进行协助。保险公估人和其所属从业人员应当在查验、评估、理算的基础上形成相应的结论并及时提供公估报告。在保险公估人按期完成公估业务后，委托人应当按照合同约定及时支付公估费用。根据公估委托合同的约定和实际出发，公估费用的结算可以采用多种方式，一般分为预付、分期和一次性支付等。保险公估人为政策性保险业务、政府委托业务及社会团体委托业务提供服务的，报酬收取不得违反中国银保监会的规定。在公估委托合同的委托事项完成，并且相关费用到账后，保险公估人可以对委托案件的底稿、报告和其他相关资料进行归档，如果在合同中有特殊要求且不违反国家法律法规，则可以按照公估委托合同进行办理。

三是保险公估报告。保险公估人和其所属从业人员在办理涉及理赔的委托业务时，应当按照保险及有关行业的行业标准并选取适当的公估方法进行评估分析，在公估报告中合理、公正地出具相应的公估意见，并且对于公估理算的具体情况向委托人及涉案当事方详细说明。其中，涉及赔款和保险金金额的，需要指明约定赔款和保险金金额的保险条款，此外公估报告还需要载明使用限制说明并且有公估业务承办的公估师签名。保险公估人还应当制定完整的公估报告审核流程和审核制度，并且详细记录审核的过程和结果。在进行内部审核时，需要有承办业务的公估从业人员签字并加盖公估机构印章。保险公估人及其所属从业人员应当认真对待审核工作，如果报告给公估当事人造成损失则需要保险公估人及其从业人员承担相应的法律责任。

四是保险公估档案。保险公估人应当制定严格的档案管理制度，并且为单次保险公估委托业务建立完整公估档案。公估工作底稿应当完整、清晰地反映公估业务的实施情况，对公估理论予以支持。管理类工作底稿主要是往来函件、公估委托合同、备忘录、会议纪要等资料，操作类工作底稿主要包括在履行查勘、调查、评估、收集公估资料等程序时所形成的工作记录及相关资料。保险公估人应当妥善对保险公估档案进行保管，保存期限不少于 15 年，如果是法定公估业务，保存期限不少于 30 年。除保险监管部门、审计部门、财政税务部门及其他国家机关进行依法查阅或者委托方及其他合同当事人进行合同约定查阅的，保险公估人不得让其他人员查看档案。

《准则》是在《规定》的基础上出台的文件，因此大部分内容会与《规定》有所重复，但重复的内容恰恰说明了其重要性。《准则》的出台是为了保险公估更加规范化，也是对混乱的保险中介市场的一种规范。总的来说，《准则》明确了公估委托关系及方式；还规定了公估业务的收费标准和结算方式；也细化了出具公估报告的标准；明确了保险公估档案的相关要求等。这些变化是为了更好地保证公估人员的职业质量、规范职业行为、明确职业责任，以此来保护保险公估业务当事人的相关利益。《准则》和《规定》的颁布为保险公估业将来的发展做好了铺垫，并提供了良好的条件。

第三节　我国保险公估人行业自律

一、保险中介行业自律组织介绍

保险中介行业自律组织依据法律法规对保险公估人和保险公估从业人员实行自律管理，包括全国性和地方性保险中介行业自律组织。全国性保险中介行业自律组织需要按照国家相关规定组织公估师执业资格统一考试。保险中介行业自律组织可以组织会员就公估行业的发展情况进行研究，收集整理相关信息，提供会员服务和开展行业交流。我国的国家层级的保险中介行业自律组织仍在筹备当中，保险公估人自愿加入的保险公估行业自律组织主要是各省市的行业自律组织，如北京市保险公估行业自律组织、浙江省保险公估行业自律组织等。目前，保险中介的行业自律相关工作主要是由保险行业协会中的中介工作部负责的。

二、保险中介行业自律组织职能

中介工作部的主要职责概括起来是自律、维权、服务和宣传。自律是加强中介行业自律、研究和制定保险中介领域的服务标准和管理规范；加强保险中介市场自律。维权是保证中介行业维权，代表保险公估业向监管部门以及其他政府部门反映保险中介行业的相关问题，从而保护行业的利益。推动前沿问题及重大课题的研究促进创新；建立并完善行业核心专家团队；建立行业官方营销员组织。宣传包括召开业务专业会议和论坛，促进业内外合作以及国际交流。中介工作部的基本职责是负责协会保险经纪、保险公估、保险营销、银行保险专业委员会的运作管理；落实保险中介监管的有关政策措施；推动各类中介机构和中的领域的发展。

保险中介行业自律组织对业内是监督自律和促进行业交流与发展，对外是进行相关的宣传，在保险中介行业和其他行业、政府之间协调。同时保险中介行业自律组织也有如下职责需要履行：建立会员自律管理办法并进行实施，开展会员继续教育和专业培训；建立会员信用档案并予以详细记录，向社会公开；制定保险中介行业基本服务标准、行业质量标准、技术规范和行规行约；建立健全保险中介诚信制度、保险中介企业及从业人员信用信息体系，逐步建立保险中介行业信用评价体系；对会员是否建立风险防范机制进行检查；对会员的职业纠纷进行调解；对会员的从业行为进行规范并对会员的公估报告进行定期检查，按照规章制度并依照检查情况对会员进行相应的奖惩，并将奖惩情况向中国银保监会进行报告；维护会员的合法权益，并监督会员业务开展的合法性；监督会员履行法律法规和章程规定的职责。

除此之外，保险中介行业自律组织应当建立行业内信息交互和协作机制，对本组织新进保险公估人和从业人员名单进行公示；通过互联网和区块链技术加强信息披露和信息安全性，便于公众对保险公估人和其所属从业人员的具体情况进行查询，及时对保险公估人和从业人员的情况变化进行了解。

第四节　我国保险公估人业务流程

根据《保险公估人基本准则》，当保险公估人开展保险公估业务时，应履行以下基本程序：确定公估委托关系；查勘调查、收集资料、核查验证、评定估算；编制、审核、出具公估报告；结案及整理归集公估档案，且不得随意减少保险公估基本程序。

一、业务范围

保险公估人一般是接受保险人的委托进行公估业务的，所以保险公估人的业务类型和保险人的业务是基本匹配的，但是依据国际惯例，保险公估人一般不会参与人身保险的承保和理赔工作，因此保险公估人的主要业务是集中在财产保险方面。我国的保险公估公司的业务范围主要集中在车险和财产保险这两方面，但不同保险公估公司业务范围也有所区别，对水险、医疗险、建筑工程险、责任险等不同非寿险险种均会有所涉猎。我国的保险公估公司主要是参与保险理赔工作，部分情况下会在车险的承保过程中为合同双方主体提供相关报价。因此，针对理赔的保险公估业务是保险公估业的主要来源，其中主要包括对于保险标的的评估、鉴定等服务。总的来说主要包括以下几方面：

一是承保公估。承保公估是指保险公估机构在投保时接受委托人的委托，对标的的价值和风险进行评估，通过对保险标的的查验并进行有效分析，向委托人提供可靠的评估报告。在我国现在的保险公估市场中，承保公估具有极为广阔的发展前景，并且有助于缓和保险双方之间的矛盾。保险公估人以其独立的第三人的身份，运用专业技能，对保险标的的现时价值进行评估，大大提高了保险价值和保险金额的准确性和科学性，有效地缓解了因信息不对称而导致的道德风险等种种问题，对于保险双方均有利。

二是理赔公估。我国保险公估公司现今的主要业务集中在理赔公估上，理赔公估是指保险事故发生后，保险公估机构接受委托人的委托对保险标的和保险事故进行查勘定损，确定事故原因、标的受损情况、事故责任方的活动。主要工作是：判定损害责任，进行现场查勘，查明事故发生的原因，考察是否有除外责任因素的介入，是否有第三者责任发生；确定受损程度和损失价值，通过清点现场未受损财产，查清保险标的与受损财产之间的关系，进行损失估计，确定损失程度，确认是否全损或可以修复，修复费用是否会超过财产的实际价值；最后根据调查结果向保险公司出具详细的公估报告。

承保公估和理赔公估，二者侧重点不同，前者注重于在保险合同订立前对保险标的进行评估，属于事前预防行为；后者注重在保险合同订立后发生保险事故时，对保险标的受损情况进行判定，对保险人理赔提供支持，属于事后行为。

第一，防灾防损。防灾防损是指对保险标的采取各种组织和技术措施，在事前减少风险发生可能，从而避免保险事故发生或减少事故发生造成的损失的一种手段。保险企业通过承保集中了大量被保险人的风险，这些风险既是保险企业的业务基础，但同时也威胁着保险企业的生存和发展。对于被保险人来说，事前预防比事后重建重要，因此掌握防灾防损技术的保险企业更受到被保险人的青睐，这样的保险企业能够给被保险人提供足够的咨询建议，减少被保险人的安全隐患。对于保险公司而言，再次承保时对投保标的进行风险识别，提出相应合理的承保建议，不仅能够减少保险标的的损失，还能减轻保险公司赔偿责任，确保保险公司业务顺利进行，也能保证社会企业经营顺利进行，提高保险的社会效益和经济效益，这种识别和建议的提出一般由保险公估人或其他专业人士进行。

第二，监装监卸。监装监卸是指对保险标的装载卸载的过程进行监督，这里说的主要是针对海上货物运输保险的监装监卸。进出口货物在发生损失时进行责任划分和损失估计是很重要的，主要原因在于发生损失原因众多，情况十分复杂，涉及多方利益，有时还需要考虑道德问题。监装监卸的主要任务是检查货物装载卸载时有没有符合合同的规定，并及时查看保险标的的损失情况和损失原因，以便对于保险标的的损失情况进行估算。划分好事故发生责任的归属，保证保险公司理赔过程的合理性。保险公估机构由于其独立性和中立性，因此可以同时接受同一船舶上不同发货人、收货人或者承保不同保险公司的委托，充分发挥规模经济的作用，并且将监装监卸中的问题向有关人员及时通报，以便采取相应的补救措施。

第三，残值处理及其他。保险公估机构在处理理赔公估业务的过程中，会对保险标的的损失程度及残值进行估计，并向保险公司提出残值处理方式的建议，保险公估机构可以接受保险公司委托对损余残值进行处理。保险公估机构还可以接受委托代替保险公司进行理赔和代位追偿。

第四，信息咨询。保险公估机构借助自身专业人员和专家网络，可以提供风险咨询、防灾防损咨询和理赔咨询等咨询业务。此外，保险公估机构还可以承接理赔、清理事故损失物资、代被保险人索赔、协调保险人与被保险人矛盾等业务。

根据《保险公估人监管规定》，保险公估人可经营下列全部或部分业务：对保险标的承保前的检验、估价和风险评估；对保险标的出险后的查勘、检验、估损及理算；风险管理咨询业务以及经中国银行保险监督管理委员会批准的其他业务。

二、保险公估报告主要内容

保险公估报告的主要内容包括：案件名称、编号、摘要、正文、附件。其中正文部分应当包括：概述（主要包括委托人、评估标的、公估委托范围等信息）；保单内容摘要；被保险人及保险公估标的简介；事故经过及索赔情况；保险公估活动依据的原则、手段、评估和计算方法；现场查勘情况及事故原因调查；损失核定；足额投保、重复投保、保险竞合、第三者责任及追偿等情况的分析；保险赔款或者给付保险金理算；保险公估结论；保险公估报告使用限制说明；承办该项业务的保险公估从业人员签名、保险公估机构印章、公估报告出具日期、公估报告附件清单。同时根据委托人要求或公估委托的具体要求，保险公估人可以提供责任认定的分析和建议。可以出具其他各类查勘报告、赔款理算书、损失评估报告、风险评估报告等符合公估委托合同约定格式和内容的报告。

三、业务收费

公估收费按照不同的公估业务制定不同的收费标准。保险公估公司目前的业务以一般财产损失保险的理赔公估为主，但是与风险评估和监装监卸的业务收费方式不同。同时不同种类财产保险的理赔公估业务也会有不同的收费标准，因为不同险种工作量和技术难度有所区别，所以收费标准也应该有所区分。

一般来讲，理赔公估业务的保险公估费用应包括公估服务收费以及为了完成公估工作所产生的各项费用支出，比如差旅费、交通费、专家费以及各项杂费等。对于完成公估工作产生的费用根据实际收取即可；而对于公估服务费用的收取，应考虑以下几个方面的因素：（1）索赔金额或定损金额。根据保险公估人定损金额或被保险人索赔金额，或者二者差额为基础确认一个固定金额，或者按进出固定金额的一定比例收费。（2）技术水平。保险公估人制定收费标准时还应该考虑自身的技术水平，不同技术水平保险公估人处理同一案件时，工作效率也有一定区别。因此高水平公估公司，工时费也较高。一方面可以促进保险公估公司提高公估从业人员素质和内部管理水平；另一方面也可以吸引高素质人才进入保险公估行业，从而提供公估行业的整体水平。（3）保险标的的公估技术要求。公估费用的制定与保险公估人从事公估业务的难度有着直接的关系。不同保险标的对公估人员的经验和技能的要求也是不同的。公估技术要求越高，对应应收保险公估费也相对要高。

保险公估业务是一种市场行为，因此费用收取也应该让市场决定。有关部门及行业自律组织应总结国内外保险公估经验，制定出一套合理的、操作性强的收费标准，并努力使公估服务费更规范和透明，保障我国保险公估业健康稳定发展。

第五节　我国保险公估制度存在的问题

一、我国保险公估人制度发展现状

保险公估人、保险代理人和保险经纪人构成了我国的保险中介市场。但保险公估人制度相对于另外两类保险中介而言，出现时间晚且发展水平也落后。虽然我国保险公估业起步晚，但是到现在 30 年的时间里，保险公估机构总量和从业人员数量快速增加，行业规模逐渐扩大，已然形成了初步的市场体系。但数量增加、规模扩大、保险公估人快速发展的同时也导致了保险公估业务不规范、市场混乱等情况的发生。新规和《准则》的颁布正是有关部门要对保险公估市场进行规范化监督和管理的标志。随着保险公估人制度的发展可以发现保险公估仍存在不完善之处。

二、我国保险公估人制度现有问题

保险公估人对保险市场有着重要的影响，保险公估业务与保险市场业务之间有着密切的联系，能够对保险行业整体产生影响，而保险公估人制度的建立是为了保险公估人行业更好地发展，但我国现在的保险公估人制度仍然存在着一些问题。

第一，我国保险公估的认知度不高。大多数被保险人在第一次接触保险公估时会先入为主地认为保险公估是保险公司的下属机构或者是政府机构，对保险公估的工作性质并不是很了解，这就导致被保险人在遇到情况时通常不能首先想到寻求保险公估人的帮助。造成我国保险公估认知度不高的原因主要有以下几点：首先，我国保险公估的发展时间短。我国的保险业和保险公估均是由国外引入我国，而非因我国社会上的自发需求产生。我国第一家现代保险公估公司成立至今也不过二十多年的历史。虽然现在出台了相关的法律法规，但我国保险公估人制度的发展还处于较为初级的地位。其次，保险公估宣传力度不够。除了个别几家处于市场领导地位的保险公估公司较为注重公司宣传外，其他的保险公估公司鲜有宣传。

第二，保险公估人的公正性与中立性易受怀疑。目前，我国保险公估机构的业务来源是以保险公司为主，很少会受到被保险人的委托，即便遇到被保险人委托业务时也可能会出现推辞的情况，而且国内很少有保险公估机构专门接受被保险人的委托。出现这种情况不单单是市场的问题，也是由于我国保险公估人制度不完善所导致的。在新规中，对于保险公估人接受委托是否需征求保险合同另一方同意这一点并未作出明确的规定。综合上述情况，这意味着保险公估人可以不经过被保险人同意直接接受保险人委托，这意味着可能会影响保险公估人的中立性和公正性，不利于保险公估人制度和保险公估业的健康发展。

第三，保险公估的专业性不能保证。我国现有的保险公估从业人员的专业素质仍有待提高，且合格的保险公估从业人员数量不能满足市场需求。这大概也是新规中放宽从业人员范围的一个原因。相对于原有规定中的模糊概念，新规中有了更为明确的规定。允许资产评估机构进行保险公估业务，扩大了从业人员的范围。但上述两点改变会导致保险公估从业人员的专业性无法保证。当遇到保险纠纷时，保险公估人出具的公估报告有着尤为重要的作用，但此时对于保险标的的定损并不是简单的损失评估，这需要判断标的是否属于承保范围、标的属于全损还是部分损失、造成损失的原因是否属于承保风险等一系列的专业性较强的问题，而资产评估机构并不具备相关的专业知识。对从业人员和接受委托的机构采取开放态度固然有利于公估报告更为公正，但这需要建立在保证知识专业性的前提下。若不能保证知识的专业性，那么对于保险公估整体的专业性都是较为严重的影响。

第四，保险公估业内资源配置不完善。保险公估是一个为投保人或保险人提供服务的行业，从事保险公估的人员是保险公估业内的主要资源。但保险公估行业内的现状是专业人才少且从业人员的专业素质参差不齐，保险公估从业人员现有数量无法满足当前的市场需求。各个保险公估机构均希望获得这些专业人才，提高本公司的专业性，因而造成了专业人才的分散，这是对于专业人才这种稀有资源的分散性浪费。与此同时，保险公估机构对于这些人才的管理能力不足导致其他各项资源配置的不协调，再一次造成了专业人才的资源浪费。

第五，保险公估市场中的主体少且供给主体混乱。相对于另外两类保险中介而言，保险公估市场中的主体还是偏少的，当市场主体偏少时，主体间的有效竞争也会减弱，不利于保险公估市场的发展。在国外有接受保险人委托的保险公估人和仅接受被保人委托的估算师；也有根据不同业务种类的专业保险公估人。相对于外国已基本成型的保险公估人分类，我国对保险公估人的类型并没有明确的定位和区分。因此导致了保险公估市场供给主体的混乱。

保险公估人制度是保险公估业发展的基石，保险公估业的发展问题需要保险公估人制度进行解决。保险公估人制度在未来发展中的首要保证是保险公估的公正性、中立性和专业性，在此基础上对民众普及保险公估的相关知识，提高保险公估在民众中的认知度。拥有完善的保险公估人制度才可以促进保险公估市场的有利发展。

第四章 部分发达国家
保险公估人制度

第一节 美国保险公估人制度

一、美国保险公估人制度

（一）保险公估人制度现状

1. 保险公估人制度发展简介

美国在全球范围内是商业保险普及最为广泛的国家之一，发达的商业保险市场使得美国较早地形成了保险公估人制度。美国保险行业在 1937 年走出第一步，成立了自己国家的公估行业协会——全国独立公估人协会（National Association of Independent Insurance Adjusters of America），协会会员分为正式会员和临时会员，但是相比英国特许公估师协会，全国独立公估人协会要求会员都以公司的名义参加，而且此时的美国也没有建立匹配的公估人考试制度。经历十几年的探索和学习，美国在 1951 年成立了公共保险公估人协会（Association of Public Insurance Adjusters，NAPIA），与全国独立公估人协会不同的是，公共保险公估人协会允许协会会员以个人名义参加，从会员的划分层面来看，公共保险公估人协会增加了准会员，分为正式会员、准会员以及临时会员。协会会员的人员组成也涉及保险相关的各行业从业者，主要包括产品的提供者、律师、会计师和一些其他专业人士。

近几十年来，经济全球化巨潮滚滚向前，国际各大市场上的公司合并、收购现象屡见不鲜，保险公估市场也是如此。美国作为世界市场上的一极，其保险公估公司也在全球范围不断地寻求合作伙伴和收购对象，扩充自己的实力，开拓国际市场。通过这种行为，可以促进美国与世界各国之间公估人的联系与技术交流，实现信息共享，吸收他国经验与教训，提升本国公估人的专业能力。

2. 保险公估人类型

随着保险市场的不断发展，保险中介的地位和作用也日益凸显，成为一个国家或地区保险行业发展的风向标。保险公估人作为保险中介"三驾马车"之一，是保险行业发展中不可或缺的一环。简单地说，保险公估人是接受保险人或投保人、被保险人的委托，处理保险标的的查勘、估价、估损及理算赔款等专业事项，享有法人资格与民事权利的中介机构。

历经了几十年的发展，美国对其公估人的类型有了明确的划分，由于处理赔案的性质与权限、公估公司的设立等之间存在着不同，将公估人划分为代理人、公司公估人、独立公估人、公估局以及公共公估人等。

代理人根据被保险人提出的理赔申请，在授权的范围内审核该理赔案件，并能够在理赔限度内直接向被保险人支付赔款。可见，这里的代理人是指在授权的范围内负责处理简单赔案的专业公估人；公司公估人是指任职于保险公司，作为保险公司职员，公司公估人仅且只能代表任职公司，处理相关事务。在接到客户的报案后，该公估人进行查勘、定损以及安排保险金额的赔偿；独立公估人是指接受保险公司委托，向保险公司收取相关费用，并提供公估服务。我国目前保险公估人的形式与此类公估人最为相似。公估局是由各保险公司共同成立的组织，旨在处理巨灾风险所导致的保险事故，由于此类案件涉及的金额巨大，处理过程复杂烦琐，一次事故导致众多案件相互交织，如台风、地震等。因此需要众多保险公司组织技能水平高、经验丰富的公估人处理棘手的理赔案件。公共公估人是指代理被保险人处理赔案的公估人，其费用一般受保险赔款的影响，赔款高，相应的服务费用也会高一些。

由于美国独特的制度环境，各州的相关法律对保险公估人的要求和制约也有所差别。但大多数州对保险公估人从业资格这方面的要求有着相似的约束，比如美国 34 个州要求从事保险公估行业的人必须取得该州从业资格证书。该项要求在一定程度上保证了从业人员的专业素养，不过该项制度的实行更多地是为了保护本州保险公估人的利益。而且，还有明确规定禁止保险公估人跨州接受委托。

3. 保险公估人业务范围

美国的保险中介市场受英国保险中介市场影响比较大，长时间积累下来形成了具有美国特色的多元化保险中介市场。发达的中介市场、完善的中介制度、业务范围广泛的保险市场等种种有利环境使得美国的保险公估市场有序繁荣发展，涉及的业务范围也是相当广泛。从整体来看，保险公估人业务主要是提供理赔服务和保险咨询，包括保险标的的风险评估、保险标的损失的现场查勘、估损、损余物资的处理、货物的监装监卸等。代理人和独立公估人可接受所有保险公司的委托，而不是依附于市场上某一家保险公司，他们在授权范围内处理理赔案件；公共公估人接受被保险人的聘请，参与到对保险标的的估损过程中，使整个过程公开公平，维护被保险人的利益，公共公估人从被保险人收到的赔偿金额中抽取一定比例的手续费作为佣金。而美国公估局是由众多保险公司和保险公估人共同成立。处理与自然灾害相关的保险事故是公估局的专有权力，该项权力由法律授予和保护。由此公估局的业务主要负责巨灾、自然灾害保险等保险的查勘定损服务。

4. 保险公估人收费

美国保险公估人的划分十分具体，每一类型公估人的收费标准是不相同的，但是所有公估人的收费标准都要符合国家的规定，这里以美国公共公估人为例：（1）公共公估人可以按照各州法律适当向被保险人收取合理的费用；（2）在调查或解决索赔案件时，如果个人在州法需要获得许可的条件下并未获得相应许可，则公共公估人不应向其支付佣金、服务费或任何其他有价值的报酬；（3）公共公估人可以向未在本州内进行调查或解决索赔案件的个人或集体支付或者分配相应的佣金、服务费或者任何其他有价值的报酬；（4）在灾难性事件发生时，其相对应的费用应该有所限制，任何公共公估人都不应该收取或同意接受超过保险理赔或者收益10%的款项。任何公共公估人不得在解决索赔之前要求或接受任何费用、聘请费、补偿费、押金或其他有价值的物品。

(二) 保险公估人的监管政策

保险公估人的职业水平和操守直接影响保险当事人各方的利益，若没有严格的监管制度和政策，将会严重阻碍保险公估市场的发展，也会对保险市场造成不良后果。各国都会在自己的社会制度和社会文化背景下构建符合本国国情和适合保险市场发展的监管体系，确保保险公估的专业性、公正性和中立性。美国对保险公估人主要实行许可证管理制度，许可证是保险公估人在美国大部分州营业的必要条件。在此基础上，美国在法律上建立保险公估担保机制，规范保险公估人的从业规范，维护委托人的权益。与大多数国家不同，在经过多年的发展中，美国形成了以代理人为主，保险职业代理人和保险经纪人相结合的保险中介模式，他们在各自专业领域中发挥作用。美国拥有庞大的销售队伍和巨大的代理销售网络，这些代理人队伍奋战于寿险市场的开拓中；保险经纪人根据销售业务种类的不同可以划分为财产和责任保险经纪人与人寿保险经纪人，其中负责销售财产和责任保险的经纪人占绝对优势；而保险公估人则主要负责风险评估与理赔等各项事务。保险代理人、保险经纪人、保险公估人各司其职，推动整个保险业的发展。

由于保险中介市场的特殊性，美国采用双重监管模式，即政府监管与行业自律相结合。从政府监管角度，州政府采取立法、司法、行政三方监管的模式对州内保险中介行业严加监管。州政府制定法律法规来规范保险中介人的组织形式、从业资格、经营行为等，各州设置保险监管局对保险中介人的行为进行直接的监督和管理。许多州规定：保险中介行业的从业人员必须通过相应的资格考试取得专业证书，申请执照方可进入该行业；保险公估人、代理人和经纪人若违反相关政策和法规，将会受到各州的严厉惩罚，甚至吊销牌照，不得进入保险中介行业。为了保证保险法的执行有力和到位，各州还会雇佣一名保险监督官负责监督。与一般商务公司一样，保险公估公司成立也必须满足最基本的条件和要求，并且要接受保险监督官和保险行业组织的监督和检查。美国各州的保险监督官的主要工作是审查本州保险业的条例。大多数的保险监督官都是任命的，但是也有部分州和地区的监督官是由联邦选举出来的。为避免公司偿付能力不足的情况发生，各州的保险监督机关接受全美保险监督官协会的指导，对保险公司的财务状况进行专业的评析和监管。

联邦政府通过全国保险监督官协会（National Association of Insurance Commissioners，NAIC）来对全国保险中介业的情况进行协调。除此之外，美国存在着众多涉及保险的行业协会，包括美国代理人协会、美国寿险业务员协会、独立理赔人协会、全国注册代理人和经纪人协会、特许金融公估人学会等。这些协会在行业内发挥着巨大作用，不仅为行业的发展出谋划策，而且制定相应的行为规范和自律守则，对行业内保险中介人的职业道德和从业水平作出严格的要求。NAIC 的官员包括主席、副主席和秘书，这些人每年由成员通过无记名投票选举产生。同时，为了帮助组织 NAIC 的工作，美国被划分为四个地理区域：东北、东南、中西部和西部。每个区域都有自己的主席、副主席和秘书，这些人也都是 NAIC 执行委员会的成员。除了执行委员会，NAIC 还有七个额外常务委员会，分别是人寿保险和年金委员会、健康保险和管理保健委员会、财产及意外保险委员会、市场规范及消费者事务委员会、财务状况委员会、金融监管标准及认可委员会、国际保险关系委员会。这七个常务委员会都在不同层面上对保险中介行业进行协调。

（三）保险公估人的行业自律

保险公估行业若想要健康稳定地发展下去，在政府监管的基础上还要有充分的行业自律，因此，保险公估业较为发达的国家均采用政府监管与行业自律相结合的模式。美国在联邦与各州政府监管的基础上，采用行业自律的模式作为补充，以便解决政府过多地参与市场导致市场僵化、失灵等诸多问题。总的来说，保险公估行业乃至于整个保险行业都不可缺少行业自律。

仍以公共公估人为例，美国保险公估人的行业自律规定包括：（1）根据许可，公共公估人有义务客观、完全忠实地为其客户的利益服务，并且向被保险人提供他们知识和理解范围内的信息、建议和服务，以最大限度地来满足被保险人的理赔需求和利益。（2）公共公估人不得在损失事件发生的过程中受贿，或试图向被保险人索求不当财产。（3）公共公估人不得允许无执照雇员或公估人从事法律规定应当持有执照才能从事的业务。（4）公共公估人不得与索赔的任何一方产生直接的或者间接的经济利益，除了与被保险人签订的合同中已确定好的工资、费用、佣金或其他对价。（5）根据与被保险人签订的合同，公共公估人不能获得任何财产救助权益，除非其按规定在与保险人解决索赔后获得被保险人的书面许可。（6）公共公估人应避免与被保险人谈论或指导被保险人就某些人的损失获得所需的补救或服务。（7）公共公估人对被保险人有经济利益关系或经由建筑公司、打捞公司、房产评估公司、汽车修理厂或者其他从事与保险损失有关工作的公司赔偿的，应当向被保险人按照规定披露以上所提到的这些公司、合伙企业、协会、股份公司或个人。（8）公共公估人就被保险人的特定损失而收到的任何赔偿或有价值的东西，应由公估人以书面形式向被保险人披露，包括任何此类赔偿的来源或金额。（9）除以上要求以外，公共公估人还要遵守以下要求：如果公共公估人没有足够的能力或者知识去处理保险范围内的条款或者限制性规定，或者其他方面超出了公估人目前的知识水平，则公估人不得对索赔进行任何形式的调整；公共公估人不得故意做出任何虚假或恶意的口头或书面的失实陈述或声明，而该失实陈述或声明的目的可能损害受保客户或者潜在客户的利益；公共公估人不得订立合同或接受来自能够授予公共公估人实际权力的代理人的委任；公共公估人应当确保其服务的所有合约均已书面订立，并列明聘用的所有条款或条件。未经被保险人知晓和同意，公共公估人不得同意任何形式的理赔。

二、美国公估人制度评价

（一）美国公估人制度特点

美国保险公估人的特点主要体现在两个方面：

1. 保险公估业务贯穿保险业务始终

美国的保险公估业务经历了长时间的发展形成了比较完备

的保险公估体系，这种体系穿插在展业、承保、核保、理赔等每一个保险环节之中。承保时的保险公估能有效地评估风险，在面对类似巨灾性质这种风险系数较大的标的时，有效的风险评估关系到保险公司未来的盈利水平。理赔时的保险公估能有效地以第三方的身份为保险标的查勘、定损，维护保险双方公平公正，减少保险纠纷。这种贯穿整个保险业务始终的中介服务，能够最大限度地保障美国保险业健康稳定的发展。

2. 多层次的监管机制

美国保险公估市场采用的主要监管机制是州政府、联邦政府联合监管外加行业自律组织协同监管的监管模式。这种以官方和民间组合的监管形式不仅大大增加了监管的效率，而且还有效地弥补了可能存在的监管漏洞。又因为美国是联邦制国家，州与州、南方与北方之间存在着一定的差异性，所以各州政府针对保险公估人也是分别订立制度，以满足本州保民的特殊需求。

（二）美国保险公估人制度存在的主要问题

虽然近年来伴随美国商业保险市场的发展，美国保险公估人市场也进入了发展的黄金期，但是美国保险公估人制度仍然存在一些问题，主要表现为以下几个方面：

1. 在业务种类上没有明确的要求

美国保险公估人制度规定公估人一经取得公估资格便可进行保险公估服务，但这其中并没有明确规定可以进行何种类型的公估服务。保险公估服务是一份专业性很强的工作，各种类型的保险标的在性质上存在着巨大的差异性，所以对不同标的进行公估服务所需要的知识技能储备也是不同的，所以如果囫囵吞枣地将所有公估服务均归为一类，那么对公估报告的专业性与准确性将是一种挑战。

2. 公估人不可跨地域进行展业

由于政治制度和历史文化等原因，美国各州之间的保险公估市场存在着展业壁垒，保险公估人一般不得跨州开展业务。这种制度要求虽然在一定程度上保证了各州之间的独立性，尊重了各州之间的差异，但是也大大限制了行业的发展速度。限制保险公估人跨州展业一方面大大缩小了公估人的工作空间；另一方面，保险公估行业之间的跨州联动合作也受到影响，优质资源不能实现共同利用，给信息的相互交流与人员的相互学习带来不便，极大地降低了资源利用效率，制约了该行业的发展速度。

第二节　英国保险公估人制度

一、英国保险公估人制度

（一）保险公估人制度现状

1. 保险公估人制度的发展

谈论保险行业的起源时人们都津津乐道于伦敦街旁的咖啡馆，而英国也理所当然地成为了保险公估行业的发祥地，从尝试实行保险公估制度开始，历经了几百年的探索与努力，如今的英国形成了最完备的保险公估体系。纵观历史，早在 1666

年的英国伦敦，一场熊熊烈火在引发伦敦灾难的同时也给英国带来了建筑物火灾保险，与之相适应的保险公估人也应运而生，从此推动着世界保险市场进行探索、逐渐趋于成熟。

早期在没有出现保险公估人的时候，保险公司收到理赔申请后，是直接派本公司的职员进行损失的调查和评估。这种做法对于简单案件尚可，但面对复杂的保险事故时，诸如洪水、台风等此类风险导致的保险事故覆盖面广、涉及的案件繁多且多有交叉，保险公司普通职员的专业水平就捉襟见肘。此外，理赔结果仅由保险人单独负责，容易作出不利于被保险人的评判，使结果有失公允。于是 19 世纪初，保险公司开始着手解决这一尴尬问题，它们从各行各业中招揽技术人才，协助处理专业性强的理赔案件，参与到保险标的的价值评估与查勘定损等各环节。"估价人"是当时行业对这些受雇于保险公司的专业技术人才的称呼，"估价人"涉猎范围广阔，包括建筑、农业、经济、法律等各行业，逐渐地，这些"估价人"自立门户，组成财产估价公司，这便是当代保险公估人的前身。1867 年，多个火灾保险办事处组织牵头成立委员会，并批准通过了一张非专用估价人名单，这张名单详细编录了各"估价人"所涉猎的行业领域和拥有的专业技能，保险公司依据此张名单雇佣相应的"估价人"。此后，聘请专业的"估价人"处理棘手的理赔案件的做法被行业认可接纳并成为一种流行。1941 年，经过多年发展且壮大的"估价人"组织成立了火险公估师协会（Association of Fire Loss Adjusters），1961 年，火险公估师协会收到了成立 20 周年的礼物——皇家特许证书，凭借一纸证书，火险公估师协会升级为特许公估师协会

（Chartered Institute of Loss Adjusters，CILA），这成为英国公估业乃至于世界保险公估业和保险业发展史的一个重要里程碑。此后，在英国生根发芽的保险公估人制度迅速散播到世界各地。在长达3个世纪的尝试与摸索中，从"估价人"到火险公估师协会，再到特许公估师协会，保险公估人经历了从零到一，从弱到强，最终，形成了一套适合英国保险业发展的公估人制度。

2. 保险公估人类型

英国保险中介市场的繁荣，离不开制度健全、体系完备的保险公估行业，而保证英国保险公估人制度健康发展的主要原因是其详细的保险公估人分类。各种类型的保险公估人各有所长、各司其职，共同维护保险体系平稳运行。

英国保险公估人类型主要有如下几种：（1）责任损失理算师。责任损失理算师是代表保险公司，当发生保险事故时对第三方所提出的雇主责任、公众责任、产品责任、专业赔偿等不同领域的索赔案件进行调查、报告，准确、简洁地整理证据，使保险人能够就法律责任和保单责任作出决定，并在需要时予以解决索赔案件。如调查并确定员工在使用生产机器时受伤的原因；农夫的牛群如何在公路上制造了多起交通事故；建筑师设计的建筑为何被证明有缺陷等。（2）索赔公估人。索赔公估人是受被保险人或投保人雇佣，在保险事故发生后，利用专业知识和索赔经验指导被保险人或者投保人完成索赔过程，并提供索赔建议和帮助的人。投保人和被保险人可以根据索赔理算师的建议进行索赔。（3）财产公估人。财产公估人是专门处理和解决财产保险索赔的人。财产保险可以涵盖各种保险，但一般来说，其主要包括建筑物，如房屋、商店、工厂等，以及例如家具、电器这样的物品。索赔范围从相对较小的盗窃、家电损坏或管道破裂，到工业综合体的重大火灾和爆炸等事件。（4）营业中断（BI）公估人。营业中断公估人与其他公估人一样，该工作的主旨是根据保险单内容解决保险索赔问题，主要处理业务中断索赔案件，但也会解决一些其他的财务风险，同样地，该职业也需要与整个行业领域的众多企业进行沟通与合作。（5）地面下陷公估人（Subsidence adjuster）。地面下陷公估人是专门从事对塌陷、滑坡或隆起引起的损失索赔的调查、评估和项目管理的人员，大多数家庭保单和很大一部分的商业财产保险单都会承保建筑物因这些灾害引起的损失，保险公司依靠专业的地面下陷公估人来处理此类索赔案件。（6）特殊保险公估人（Insurance assessor）。特殊保险公估人是只接受被保险人的委托，处理相应的理赔、估价、保险咨询的事务的保险公估人，由于专门受雇于被保险人，所以，此类公估人不同于其他的保险公估人。

3. 保险公估人业务范围

英国保险公估人的业务范围几乎囊括了保险业所覆盖的所有业务，在解决保险问题的同时也偶尔解决一些技术性问题。保险公估人的具体业务因公估人的类型不同，业务内容也有所不同，其中理算责任师是涉及领域范围广、专业性强、人员复杂的一类公估人，理算责任师不仅需要多学科、多专业特别是法律专业的背景知识，而且更要具备较高的沟通技巧。责任损失理算师要从多方面、多场所对保险事故进行调查，收集证据，明确被保险人是否承担法律责任，以便使保险人作出相应的决定，满足被保险人和保险人的期望。并且，作为责任损失理算师，必要时还要向索赔人提供咨询等服务。

索赔理算师主要在发生保险事故时，为广大投保人或保险人提供索赔指导服务。通常情况下，大多数的投保人和被保险人缺乏索赔经验和保险知识，因此当发生保险事故时，他们希望索赔理算师能够从专业的角度指导其进行索赔、减少自己的损失、获得相应的补偿。对于商业保险的投保人来说，不妥当的索赔处理很可能降低保户的满意度，从而使商业保险公司丧失客户。索赔理算师的一项重要责任就是确定尽量减少和防止保险事故对投保人造成进一步的损失。索赔理算师的作用还包括对事故损失进行识别、测量和核算；查明损失，整理索赔文件资料；审查保险单并提供咨询意见，包括向投保人解释保险责任、责任免除和原因等；与保单持有人和保险公司进行沟通、调解、谈判。索赔理算师的介入，使得投保人能够专注于业务的恢复和生产，从保险索赔中解放出来。

财产公估人的业务与其他公估人有很大的不同，其工作场所是办公室与实地的混合，他们以职业操守为己任，探访发生损失或损坏的财产，与各个保险关系人会面和互动，实地进行保险公估业务。财产公估人需要专业的技能和判断力来确保索赔的有效性，并按照适当的步骤来得出索赔结论。

营业中断公估人的工作范围主要包括在保险事故发生后与投保人或被保险人进行沟通，以了解其业务以及该事故对未来业务绩效的影响；解释财务和其他数据，以确定企业在事故发生前后的业务绩效；就如何减少事故对财务的影响提供战略建议，将事故的财务影响降到最低；就适用于保单的承保范围为保险公司提供咨询意见，量化保险公司的财务损失，为保险公司设定准备金；与相关各方进行谈判并最终解决索赔案件；在损失发生之前，就如何构建保险保障范围进行规划并提供咨询建议；向客户、律师甚至法庭提供专业的意见，定期与投保人、保险人、律师和其他专业人士进行沟通联系。值得一提的是，由于业务需要理解和熟悉财务数据，英国许多营业中断公估人都必须要具有会计师资格证，然后再接受特许公估人的培训。

地面下陷公估人的业务主要涵盖建筑物测量、结构工程、岩土工程和损失评估，这一工作需要到访事故发生地，探查受损财产，与各领域专家人士进行沟通合作。运用专业技能和判断力来确定保险索赔的有效性，并确定适当的步骤流程处理索赔有关事项，由于案件可能涉及的领域众多繁杂，必要时可组建包括但不限于会计师、律师、建筑师、专业承包商在内的团队来完成任务。地面下陷公估人一般需要具有专业测量和工程背景，他们在建筑测量、工程、承包或咨询机构工作中都需要建筑工程行业的经验。

（二）保险公估人的监管政策

保险公估业务在英国法律中不属于保险监管的范围，而受一般的代理法监管。保险公估人由英国特许理赔公估师协会（CILA）监督监管，特许理赔公估师协会是一家由全球公认的理赔专业人员组成的组织。英国特许理赔公估师协会是保险公估人行业监管的权威。该协会通过其资格框架和职业行为指南，为处理索赔的工作人员制定职业和道德标准。英国特许理赔公估师协会主要包括执行委员会和理事会，执行委员会是由主席、副主席、名誉秘书、名誉司库、考试委员会主席和三名副主席组成，该执行委员会由执行主任主持进行。英国特许理赔公估师协会理事会是协会的理事机构，由特许损失公估人组成。理事会成员由选举产生，这些成员组成特别礼仪小组主要处理保险索赔方面的问题，还负责协会相关的活动以及英国和爱尔兰地区成员的利益问题。

英国特许理赔公估师协会的影响范围不仅只限于英国或者欧洲国家，在世界范围内影响亦深远，是保险公估行业的权威。虽然英国的法律中没有对保险公估从业人员的执业资格作出具体要求，但是实际上若保险公估公司的负责人没有获得特许公估师的学士资格，将很难取得保险公司和被保险人的认可，无法立足于市场，这也保证了公估人的从业水准。英国特许理赔公估师协会所奉行的核心价值和执业道德标准成为世界保险业界认可的标杆，深受行业尊重。

（三）保险公估人的行业自律

英国保险公估人的相关行业自律事宜主要由英国的公估师协会负责，该机构成立于 1941 年，1961 年该协会成为英国特许公估师协会，该协会的部分职责是为其成员提供保险公估人行事准则，规定成员应具备的专业水准。保险公估人需遵守该协会颁布的《职业行为指南》，该指南是对《皇家宪章》的补充。而《皇家宪章》的主要目标之一就是"确保所有协会成员都遵守协会的《职业行为指南》"，《皇家宪章》规定了成员若违反《职业行为指南》受到的惩戒措施。以下从公平性、客户利益冲突、保密性、权益相关、专业性和合规性方面简单介绍《职业行为指南》对保险公估人的约束与指导。具体包括：

一是公平性。公平性的地位在协会颁布的《职业行为指南》中重要性位列第一，首先协会会员在就投保人根据保单提出索赔申请，按照保险人的要求行事时，应做到公平公正。以客观公正的方式考虑事实，确定政策措施是否有效以及在何种程度上有效。其次，协会会员应在所有专业和业务关系中保持道德操守，做出诚实和始终负责任的行为。与案件任何一方进行沟通交流时，成员应以准确、直接和易于理解的方式进行。除了对公众以及会员客户或雇主负责外，会员必须遵守高标准的行为准则，个人利益不能凌驾于法律和道德标准之上。协会会员应礼貌对待所有与之接触的人，并确保不会因年龄、残疾、性别、婚姻、伴侣关系、种族、宗教信仰而区别对待。协会会员不得向客户或客户公司的雇员提供物品或其他福利。会员不得接受客户或保单持有人的任何影响客观公平性的物品或服务。

二是客户利益冲突。协会会员在办理业务时应时刻意识到客户之间潜在的利益相关性。这里所说的利益相关是指一名成员或其公司在处理两名或两名以上客户的案件时，而这些案件是同一案件或者不同案件却在资产、处理手段或者其他方面存在某种合理程度关系，那么这些客户的利益存在着相关性，甚至可能发生冲突。如果会员或其公司在某一案件上受雇于某一客户，且第二个客户的利益与第一个客户的利益相抵触，则该会员或其公司不应代表第二个客户处理相同或相关案件，除非获得两个客户的知情且同意。如果获得所有客户的知情同意却要违反保密义务，则会员或其公司应首先得到向其他客户披露保密信息的允许，方可继续采取行动。如果会员或其公司无法获得所有客户的知情同意，那么该成员或其公司只可受雇于其中一个客户（或一组之间没有利益相关或冲突的客户）。会员或其公司在收到客户答复之前的某一时刻不免遇到出现潜在的或实际的客户利益冲突，并且无法获得知情同意，则会员或其公司应立即作出反应，从这种情况中撤出，同时就冲突的性质原因向客户说明并提供适当的建议。会员及其公司应预见并积极处理利益冲突，制定与其业务模式相适应的冲突管理政策，并制定流程以识别可能出现的冲突。

三是保密性。会员在专业工作中难免会获取或接收客户的保密信息，未经信息保密方的同意，会员不得将此类信息向第三方披露，除非法律要求披露此类信息。即使在会员与客户或雇主之间的关系结束后，仍需遵守保密义务。所以，保密义务不仅发生在当前案件的客户身上，也包括会员与其公司在过往中形成的雇佣关系。为避免客户机密信息被不当披露，在适当的情况下，会员或其公司应确保员工签订保密协议，或者采取进一步的保密措施。在这方面可以采用公司内部的信息壁垒，信息壁垒不足以解决利益冲突，但是构造得当，可以使用信息壁垒来隔离机密信息，而这些信息恰恰可能导致违反客户或者前客户的保密义务。如果有披露机密信息的法律义务，成员有义务向有关当局披露。与上市公司合作的会员可能会获取与该公司或其他公司的与股份相关的保密信息，在这种情况下，会员不得买卖公司的股份或者实施任何可能被视为"内部交易"的行为。

四是权益相关。如果会员在处理未经客户授权的事项时而获得任何收益，那么该会员有义务向客户说明该事项，或者以其他的方式获得客户对这笔收益的知情同意权。会员在某一事项或其他事项可以获得直接或间接的自身利益，其前提必须是这些利益的取得必须与自身履行职能相关。当会员为保险人工作时，会员不得持有其雇主也就是保险公司的股份或其他形式的重大权益资产；会员在获得案件相关各方的同意之前，不得持有各方的有关重大权益资产。当会员为投保人工作时，会员与投保人的保险人有重大利害关系的，会员不得接受此任务，但事先取得投保人客户的同意除外。当会员为保证客户利益接受某项委托时，如果该委托在某种程度上会或可能会对会员自身利益造成伤害或两者之间存在利益冲突时，则会员不应接受该项委托，但事先取得客户知情同意的除外。即便会员或其公司取得了客户的同意，会员应审慎考虑是否接受此项任务，以免发生任何冲突。

五是专业性。专业性是决定保险公估人行业是否能够存续下去的决定性因素，所以协会会员在接受工作或任务时，应当谨慎考虑，不得接受或执行超出自己专业范围和能力的工作，所有的会员应当遵循现行的"持续专业发展"的要求，严格掌握理解并执行特许保险公估协会所发布的有关技术指导说明。

六是合规性。所有协会会员应了解相应的法律法规，承担法律义务，受《公平竞争法》（FCA）或其他类似监管机构监管的会员应遵守监管机构的规则和要求。

二、英国公估人制度评价

(一) 英国公估人制度特点

英国是公估业的发源地，经历了几百年的发展与完善，英国的公估业形成了明显的特点，这些特点直接或间接地影响了很多国家的保险公估业，尤其是欧洲的很多国家，在这些国家的保险公估人制度中都能很清晰地看到英国公估人制度的影子，英国公估人制度特点如下：

1. 高度发达的行业自律

英国公估师协会是主要负责英国公估行业自律的机构，该机构有着上百年的历史，机构内体系完整严明，涵盖了所有涉及保险公估业的监管内容，在该协会的监管下英国公估业一直稳定发展，甚至在其他国家或地区都设有分会。

2. 灵活的从业要求

在英国只要获得特许公估师协会的认可就能从事到公估行业之中，这种对公估人灵活宽松的上岗要求大大减少了公估人考取从业资格证的程序，能更快地使专业人员投入市场上来，为英国的保险公估业提供了源源不断的人才，但是这样方式也会对公估人的专业水平提出挑战。

3. 业务范围广

德国保险公估人以处理技术性问题为主，美国保险公估人主要以保险内容为主，并与各领域专家建立良好关系，必要时请求专家协助，与德国和美国这种类型的公估人不同，英国特许公估师在业务上不仅处理与保险有关的基本事项，并且也要处理案件涉及其他行业领域中技术性的问题。由此可见英国公估人业务范围的广泛性，这样就为客户解决了很多麻烦，但是与此同时，行业对保险公估人的职业水平提出了严格的要求。

（二）英国保险公估人制度存在的主要问题

1. 没有上层法律的监管

英国保险行业普遍认为保险公估人的身份实际为保险公司的理赔代理人，并不直接从事保险工作，所以没有专门约束公估行业的法律，保险监管部门也没有将公估人纳入其监管范围，只是设有详细和严格的行业自律规定。但是如果上位法长期缺失，行业自律机构也有可能脱离监管，一旦行业自律机构不能有效地对公估人行业进行监督，在没有上位法的情况下，保险公估行业肯定会失去控制，从而影响保险业的发展。

2. 没有职业资格认证考试

英国法律和其他行政规定中对保险公估人从业资格没有具体要求，理论上任何人都可以成为保险公估人进入公估行业。尽管英国有影响力强大的特许保险公估师协会，保险公估公司负责人必须取得特许公估师资格才有可能取得保险市场认可，但是在这种体制下，公估人的从业水平与职业道德很难把握。由此，为了能够保证公估人的专业水准，在英国开通公估人资格考试是一个很好的办法。

第三节　日本保险公估人制度

一、日本保险公估人制度

（一）保险公估人制度现状

1. 保险公估人制度发展简介

明治维新以后，日本开始尝试民族寿险和非寿险业务，随着经济的持续发展，保险业也迅速发展起来。20世纪中期开始，日本成立了第一批人寿保险相互公司，这些公司开始发展人寿保险业务，1951年建立火灾保险代理人制度、1973年建立非寿险代理人制度、1980年建立新非寿险代理人制度，标志着日本保险代理制度逐步完善和保险中介体系日趋成熟。经历了100多年的发展后，从1975年起，日本成为世界第二大保险市场。1996年以后，日本宣布保险业对外开放并实施《保险业法》，日本的保险业有了更加完善的上层法律，《保险业法》的颁布实施让保险公司和保险中介接受更为严格的监管。当时为了保护和培育保险公估人和保险公估事务所，防止外部人员的参与，日本采取封闭的保险公估人制度，保险公估人的报考和注册资格受到了严格的限制。1997年以来，金融危机不断爆发，使这种封闭的保险公估人制度受到了剧烈冲击，日本不得不大幅度调整原来的封闭制度，采用自由主义原则，降低保险公估行业的准入门槛，实行开放的保险公估制度，允许外部人员进入保险公估行业。保险中介制度的发展与完善使得中介从业人员能够很好地发挥自身的作用，促进了日本保险行业的复苏发展。1999 年日本保险的总保费收入达4948.85 亿美元，位居世界第二；保险深度为 11.17%，排名世界第五。1997 年日本成立了保险理赔师协会（或称为日本公估师协会），仅在这一年，注册的保险公估师人数就达到了601 人，其中一级公估师 111 人，二级公估师 266 人，三级公估师 224 人，并且市场上存在着 38 家公估事务所。1998年，仅不到一年的时间就另有 593 名公估员，34 家公估事务所加入了日本公估师协会。直到现在，日本的保险公估制度仍在不断地完善和发展。

2. 保险公估人类型

保险公估人和保险公估制度由日本损害保险协会认定。在日本，成为一名保险公估人需要通过损害保险协会组织的考试并在协会注册，保险公估人主要从事建筑物或动产等保险标的的定价、估损、保险事故的查勘等事项。日本公估人的划分是按照组织形式进行的，主要分为个人保险公估人和机构公估人。个人保险公估人既可接受保险公司的委托，也可接受投保人与被保险人的委托，在法律许可的范围内代理委托人开展保险标的的评估、查勘、定损等一系列工作，根据工作的内容和难度向委托人收取相应的公估费用，个人保险公估人既可以是组织也可以是个人。与个人保险公估人不同的是，以保险公估事务所为代表的机构保险公估人主要是接受保险公司的委托，受聘于保险公司，成为其顾问，工作内容包括保险标的的价值评估和估损等。无论是个人保险公估人还是机构保险公估人都需要通过损害保险协会实施和认定的考试并在协会注册。

3. 保险公估人业务范围

日本保险公估人主要负责估损和价值评估。保险公估人的估损业务主要是评估保险财产损失及其毁坏情况，评估的范围包括船舶、海上及航空运输工具、海上货物、汽车等。保险公估人接到保险公司的委任之后，首先对事故现场进行调查收集信息；其次，对受损的保险标的和尚未毁坏但仍处于风险中的财产进行估测；最后，保险公估人根据受损情况、理赔金额等相关事项以损失报告的形式呈递给保险公司。按照估损的类型划分，可以将保险公估人的业务划分为火灾估损、复杂估损、巨灾估损和责任估损等。火灾估损主要评估火灾对房屋、商店、工厂仓库等造成的损害；复杂估损需要丰富的经验和专业的技能，主要是对机械、建筑以及工程保险等专业的领域进行估损；巨灾估损主要是对自然灾害如地震、台风、泥石流等造成的损失进行估损；责任估损主要评估由第三者责任所引发的损失。除了上述几种类型，随着时间的推移，保险公估人的业务范围在不断地扩大，保险公估人不仅只是进行简单的估损，也在向控制损失的领域拓展。日本保险公估人经过多年的经验积累形成了一套成熟的价值评估体系，能够根据可靠的方法精确地计算出保险标的的实际价值和重置成本。这些保险标的涵盖范围广阔，涉及领域众多，除了办公楼、商店、各种工厂、汽车等常见的财产，还会涵盖神社、寺院、历史建筑等。

日本保险公估人需参加考试注册成为一级公估师、二级公估师和三级公估师，随着等级的提高，保险公估师的考试难度和范围也在变化。考试从三级考试开始，依次是二级、一级，取得三级的资格认证后方可参加下一级考试，三级考试分别在每年的 2 月和 9 月举行，二级和一级考试在 2 月举行。每一级别的考试范围和难度各不相同。三级考试主要涉及保险及建筑学、机电学以及一般常识等科目。每一科目考试时间为 50 分钟，拥有一级或二级建筑师资格证的人可免考建筑学。二级和一级考试将会计学纳入考试范围中，会计学达到 60 分则及格，难度与高中水平相同，当注册公估人拥有一级、二级建筑师、锅炉师等专业技能证书时，就可以获得专业公估人 A 或 B 的称号。

4. 保险公估人收费

保险公估人的收入来源主要是委托人的佣金或者报酬，薪酬制度是否合理关系到保险公估制度能否正常运作。在日本，公估人的薪酬一般和委托人自行协商，但要接受自律组织和监管机构的监督。保险公估人的收费方式也在变化，公估人由之前收取首期和续期的佣金逐渐发展为收取均衡佣金或按比例收取佣金的方式，保险公司也在探讨保险公估人以何种方式分配保险公司利润较为合理。日本公估人的薪酬还会受其自身等级的影响，拥有较高等级资格证书的公估人会获得更高的佣金和薪酬，要想获得不错的佣金和薪酬收入，就需要保险公估人拥有较强的业务能力。在目前较为开放的保险公估人制度下，公估人的所收取的费用会因不同公司而异。一般情况下，其费用体系包含标准报酬、差旅费、其他必要经费。标准报酬使按照评估资产额的大小确定一定数量的固定金额。

(二) 保险公估人的监管政策

日本的监管模式采用行政监管和行业自律相结合。日本保险中介行业经过多年的发展，其相关制度相当完善，监管部门也对保险中介行业采取严格的立法监管，颁布实施了一系列的保险中介人的资格确立审查、行为规范等相关法律法规。日本保险中介的活动都要经过大藏省保险部的严格审核批准。1997年日本政府颁布了《金融监督厅设立法》，设立了金融监督厅。从此之后，之前归于大藏省保险部的部分监管检查的范围和权力划给金融监督厅的监管部和检查部门。

为了更好地维护委托人的利益，有效规范保险公估人的行为，保证保险公估人的合法经营，日本采取了一系列行之有效的方法措施。其一，担保制度，该制度为了使保险中介人或公司法人具备一定的民事赔偿能力，要求中介人或法人应缴纳一定的保证金，或者由保证人提供资金担保，或者投保职业责任险。其二，反不正当营业行为制度，保险中介人必须要遵守最大诚信原则，严禁保险中介人虚假宣传告知，片面陈述保险合同陈述，阻碍委托人的正当申报或诱导委托人进行不实申报以及不正当的合同更换或解除等行为，必须维护客户的正当利益，促进保险市场的正常运作。其三，佣金以及财务信息披露义务。为了保障客户利益，客户应具有对中介人佣金情况的知情权。其四，建立客户投诉制度。日本设立了专门机构，接受保险公司、社会公众对保险公估人的查询和投诉，使保险中介人的日常行为接受公众监督。

日本保险公估人的组织形式主要是个人保险公估人和机构保险公估人两种。监管部门要求保险公估人拥有职业责任保险，或者缴纳一定数量的营业保证金。这样的政策要求能够对保险公估人进行统一监管，增强公众信任，既有利于保险公估

市场的稳定，也有利于保证委托人的权益。

（三）保险公估人的行业自律

在建立健全覆盖面广、行之有效的公估行业监管机制的同时，日本也非常重视保险公估人自律组织对保险公估人的管理。日本保险公估行业成立了行业自律组织，行业组织制定一系列的自律条例和章程，对保险公估人的行为规范、道德素养、职业水平进行约束和指导。行业组织还会制定自律条例，对公估人的从业资格、等级考试、佣金分配等进行监督。还建立了保险公估人的信息库，全方位对保险公估人的从业活动记录造册，方便委托人查询保险公估人的信息，而公估人为了维护自己的声誉，吸引更多的客户，在从业过程中也会注意自己行为规范。

二、日本公估人制度评价

（一）日本公估人制度特点

日本的保险市场一直处于领先地位，经久不衰的保险市场与其完善的保险中介制度是分不开的。在漫长的发展过程中，保险行业以及公估行业出现了各种各样的问题，随着问题的解决，保险公估制度也在不断地完善和发展，逐步适应日本保险市场的需求。当下日本的公估人制度主要有以下几点特征：

1. **严格的资格审查、科学的考试和培训制度**

保险中介制度的平稳发展离不开高素质的保险公估人才。根据保险市场的需求，日本制定了层次分明、种类多样、要求严格的资格审查制度和考试培训制度，确保保险公估人的职业素养能够适应市场的需求。在日本，不同等级的保险公估人对应着不同的技能级别，公估人为了提升自身的职业水平和报酬水平，需要参加等级考试，考试的难度随等级的增加而增加。此外，日本还建立了相当完备的保险公估人的培训机制，不仅保险管理局开办学院培训保险公估人，其还与自律组织机构和高等院校合作，专门聘请相关的专家进行教授，培养高素质的专业保险公估人。各保险公司为了更好地发展也会建立内部的培训体系，对聘请的保险公估人进行在职培训。系统的培训和教育，既有助于提升保险公估人的道德素养，保证他们的商业行为合规，又能提高技能水平，提升对客户服务的质量。

2. 政府监管与行业自律相结合的保险公估市场管理体系

政府监管部门通过颁布法律法规和政策，对保险公估人的注册登记、领取执照、费用收取等重要内容作出规定和约束；行业自律协会对保险公估人同样拥有很大的管理权限，在从业活动、职业道德等方面作出详细规范，惩罚违规的从业人员，甚至可吊销其职业资格。高效严格的政府监管和贴近市场的行业自律为中介行业的稳定运行提供双重保障。两者优势互补，很好地促进了业务的开展，维护了委托人的利益，使保险公估业乃至保险业稳定健康发展。

3. 合理的保险公估人报酬制度

保险公估人费用体系一般包括标准报酬、各项经费、住宿费、日工费四项，其中标准报酬跟评估资产额按比例挂钩，这种报酬体系，能够激发保险公估人的积极性，为了获得更高的报酬，保险公估人需努力提高职业水平，争取到数量更多、质

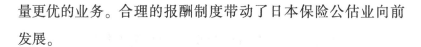

量更优的业务。合理的报酬制度带动了日本保险公估业向前发展。

（二）日本保险公估人制度存在的主要问题

日本的保险市场长期领跑亚洲，发达的保险公估人制度长时间被韩国等其他国家学习，但是在时间的检验之下日本的公估人制度也暴露出了一些问题。日本对保险公估人的监管主要强调的是对个人保险公估人的监管，个人保险公估人的业务比较灵活，业务量巨大，可能出现的不可控因素要多于机构公估人，所以日本将监管的重心主要放在了监管个人公估人，但是综观当下的日本公估市场，日本机构公估人的地位越来越突出，业务量也是逐年递增，逐渐比肩个人公估人，所以监管重心不应该仅仅局限于个人公估人，更何况机构公估人隶属于保险公司，其行为可能牵扯到保险公司的利益，这种情况下容易在执业过程中有失公允，所以对机构公估人的监管任务应该提上日程。此外日本公估人的报酬制度可能也存在一些问题，虽然报酬的多少跟其所评估资产额的大小有关，会在一定程度上激发保险公估人的工作积极性，但是全方位的薪资报酬覆盖可能会造成资源的浪费，这种资源的浪费最终都会体现在公估费用上，公估费用的增加难免会损害投保人或保险人的切身利益。这样的报酬制度也可能会在市场上产生恶意竞争的情况，保险公估人为了获得资产额更高的业务可能会对同行之间相互排挤、恶意联合吞并，从而影响整个保险公估人行业的形象。

第四节 德国保险公估人制度

一、德国保险公估人制度

(一) 保险公估人制度现状

1. 保险公估人制度发展简介

众所周知，保险公估业起源于英国，迄今已有300多年的历史，它经历了从萌芽、兴起到成熟的演变，这种演变是一个历史、社会的进化过程。在英国保险公估业发展的推动下，同处欧洲的德国受到了直接影响，由此产生并完善了德国的公估行业，从而建立了德国保险公估制度。

德国发达的保险中介行业得益于其实行的"二元制"教育模式，德国保险中介行业尤其是公估行业能够快速发展，正是得益于公司与学校合作办学的"二元制模式"。据资料显示，在德国，接受职业教育的年轻人占同龄人比率接近80%，而大学毕业生仅20%，在保险中介行业中，70%以上的从业人员参加了为期3年甚至更久的职业教育，之后才获得保险中介工作。此外，第二次世界大战后，全德保险教育组织（BWV）成立，BWV是专门为保险建立的职业教育组织，该组织在保险中介的发展中发挥了巨大作用。德国保险学院（DVA）在1995年加入BWV，成为BWV的一部分，使职业教育活动贯穿于保险业界，专业性方面得到了明显的提升。德国拥有全德保险联合会、德国保险学院、德国精算协会、全德保险业雇主协会、德国各地商会、汉堡大学、汉堡联邦军事大学和汉堡应用科学大学等保险人才培育机构和组织。BWV 与这些众多的机构和组织通力合作，为保险业源源不断地输送人才，有了优质的人才培养库，德国保险公估人行业也取得了稳定的发展。

2. 保险公估人类型

在欧洲的一些国家中，保险公估人的类型按委托人不同可以分为两类，一类是只接受保险公司委托的保险公估人，另一类是只接受被保险人委托的保险公估人。德国与欧洲其他国家相异，保险公估人既可接受保险公司的委托，也可接受保险人委托处理索赔案件。根据操作内容侧重点不同，德国的保险公估人更多偏向技术型，主要解决不同理赔案件技术方面的问题，保险方面主要交给保险公司处理。根据业务险种不同，德国保险公估人可以分为海上保险公估人、火灾及特种保险公估人、汽车保险公估人三类。海上保险公估人主要处理船舶、航空和海上货物运输相关的业务；火灾及特种保险公估人多是处理火灾及一些特种保险相关业务；汽车保险公估人主要是处理汽车保险的理赔业务。除了上述分类方法，还可以将保险公估人分为对物保险公估人和对人保险公估人。还有一类专门处理责任保险事项的公估人称为责任保险公估人。责任保险公估人有着丰富的责任保险理赔经验，他们收集责任保险案件的相关数据和资料，经过收集和处理，呈现一份公平的理赔报告，避免出现拒赔、惜赔、滥赔、错赔的现象，有利于缓解保险人和被保险人的矛盾。根据保险公估人与委托人之间的关系，可以将其划分为雇佣保险公估人与独立公估人两类。雇佣保险公估人是指长期受雇于某一家保险公司，接受该保险公司的指示处理理赔业务的保险公估人，一般情况下，在雇佣期间不能接受其他保险公司的委托。与雇佣保险公估人不同的是，独立公估人可同时接受多个委托人的委托案件，且双方之间的关系只是暂时的，一旦委托任务完成或合同解除，双方之间的委托关系也就不复存在。

3. 保险公估人业务范围

不同类型的保险公估人有着不同的业务范围。海上保险公估人的工作主要是处理船舶、航空和海上货物运输保险相关的案件。德国有专门的船舶公估公司，船舶种类繁多、吨位差异大、用途迥异，其船舶的价值、修理费用、船上的机器设备等也存在着巨大的差异，保险公司评估困难较大，需要与船舶公估公司合作，聘请专业人士负责处理相关事务。同样，航空、海上货物运输保险所涉及的案件情况也颇为复杂，相关人员众多，包括发货人、承运人、收货人、投保人、保险公司等，各方利益协调困难，保险公司一般会雇佣经验丰富的海上保险人专门处理。

经济的发展加上科技不断进步，使得财产保险可保风险也在不断地扩大。保险事故理赔、财产评估的难度也越来越大，保险公司难以自行处理，需要经验丰富、具有专业技术水平的火灾及特种保险公估人来处理火灾保险、科技保险、特种保险等。汽车保险公估人，顾名思义，是专门处理汽车保险理赔案件。保险公司委托汽车保险公估人负责这一方面，能够防止在理赔环节与被保险人发生矛盾，也能够避免保险公司理赔人员与汽车修理人员、被保险人合谋骗保，提升汽车保险的质量，建设公平良好的汽车保险市场。

（二）保险公估人的监管政策

德国作为欧洲较早开展保险的国家之一，有着较为完善和稳健的监管制度。经过国际金融危机和债务危机的冲击，证明其具有有效的风险防控能力。从德国顶层设计来看，对于保险中介行业的监管比较注重制定法律和设立规章制度。保险业发展伊始，德国就颁布了《保险监管法》和《保险合同法》对保险行业进行约束和规范。之后，为了应对金融危机、欧债危机出台相应法律法规和政策，并对《保险监管法》和《保险合同法》进行修订。同时，对《保险监管法》作出重大调整，以适应欧盟保险监管新规"偿付能力监管标准Ⅱ（Solven-cyⅡ）"，适应保险市场和公估行业发展的需求，为监管机构进一步履行监管职责提供了坚实的法律基础，同时也为保险公估行业的监管提供了明确的依据。

在保险中介监管制度的建设中，德国逐步形成以非现场监管为主、现场监管为辅、监管协调为保障的监管体制。近些年来，随着市场的发展，监管要求也在随之调整，德国联邦金融监管局（BaFin）不断提升现场检查的次数和力度，与完善的非现场检查相结合，使之突出很强的针对性。联邦保险监察局（BAV）是BaFin的下辖机构，对保险监管和市场风向嗅觉灵敏，反应迅速。在非现场检查的基础上，将现场检查与风险识别、风险监测、监管指导等关键领域融合在一起，形成完善的风险防范体系。从保险公估公司层面上看，公司的治理能力和业务能力是监管部门的着力点。一方面，为了抵御和避免公司内部治理结构混乱造成的风险，德国在监管政策上要求公估公司完善内部治理结构，严格把控组织架构和公司人员资质水平，建立风险预防和防线控制的制衡机制。另一方面，保险公估监管的目的之一是保证委托人的权益能够实现。由此可见，对保险公估公司的业务能力的监管就显得尤为重要，这一点也十分契合《保险监管法》所体现的精神。

（三）保险公估人的行业自律

在德国，进入保险中介行业需参加专业性培训并通过相应的考试，取得保险监管部门认可的执业资格证书。德国保险职业教育协会专门负责保险中介人的专业性培训、编制考试大纲、指定培训地点等项目，参训人员需完成规定的全部课程，参加结业考试，成绩达到要求后才能进入保险公估行业。

1973 年，来自比利时、法国、意大利、荷兰和英国的公估师在法国巴黎成立了欧盟保险公估专家联合会（Federation of the European Loss Adjusting Experts），这个协会在欧盟范围内有很大的影响力，也成为德国最著名的保险公估行业自律协会。协会精神主要在于保证欧盟地区保险公估行业的专业性，该协会每年举办两次工作会议和专家会议，用以对各个会员国的公估行业进行监督指导和提供技术性的建议。此外，该协会还会出版相应的刊物用以刊登有关协会的信息与新闻。欧盟保险公估专家联合会地位的特殊性在于其是欧盟唯一一家直接与消费者直接打交道的协会组织，消费者在接受公估服务的过程中如果遇到任何问题可以直接向协会反映，协会根据消费者的问题作出相应的解决方案。近年来欧盟的各个会员国逐渐加强合作，逐步取消各国之间的边界限制，与此同时欧盟保险公估专家联合会也鼓励更多的会员国加入进来，随着时间的推移，该协会的影响力也会越来越大，其对德国保险公估行业的作用也会越来越明显。

二、德国公估人制度评价

（一）德国公估人制度特点

很多国家和地区的保险公估人分类都比较笼统，像新加坡等地仅仅是将公估人分成一般公估人、海事公估人、汽车理赔公估人等，而在德国，不同种类的保险险种都有相对应的专业公估人，这些专业公估人涉及房屋建筑、汽车、船舶、机器、化学工厂等领域，他们主要对保险标的进行价值评估和估损，且各类保险公估人之间的经营范围受到严格限制，一般不得跨领域开展业务。这种做法就能保证每一类保险标的能得到更加专业的公估定损，使得公估工作更加具体、更加专业。

德国联邦金融监管局对待保险中介行业甚至整个保险业都是将防范重大风险作为重要监管任务。在防范系统性风险方面，德国联邦金融监管局采取了一系列具有很强针对性的措施来应对系统性风险的发生。比如，BaFin 不仅自己坚持对保险公估公司进行抗风险能力的压力测试，而且邀请 IMF、欧洲保险和职业养老金管理局（EIOPA）进行压力测试，接受其指导和建议。在防范其他重大风险方面，德国联邦金融监管局也建立相对完善的体系。比如，设立举报通道、开展突击检查、设置行业准入门槛、建立退出机制等，严厉打击各种违规行为；随着计算机与互联网的普及，网络信息安全问题日益凸显，德国联邦金融监管局为了应对这一问题，积极与信息安全主管部门展开合作，加强与网络信息安全领域专业学者之间的交流，在世界范围内参加信息安全会议，主动聆听各方的建议，与行业协会、相关部门共同引导保险公估公司注重网络信息与数据的风险管理，以便能够应对将来可能发生的风险。

双轨制的教育方式也是德国公估人最为明显的一大特征，这样的教育方式使得一大批的保险公估人都经历了非常好的校园教育，这就为其专业素养奠定了良好的基础，此外这些在双轨制教育下的学生还具有双重身份，在学校他们是学生接受教育，在企业内他们是实习生、学徒工，这也让德国未来的公估师们提前接触到公估行业，更早地做到理论与实际相结合。

（二）德国保险公估人制度存在的主要问题

英国、德国这两国保险公估人制度一直以来都是很多国家学习的标杆，两个国家的公估人制度各有所长，但是与英国相比，德国的保险公估人制度也暴露出了其存在的缺陷。在保险公估人的实际操作上，英国公估师解决技术性问题的同时也解决保险问题，但是德国保险公估师只是解决技术问题，这样就造成了在保险公估过程中可能会出现许多不必要的麻烦，面对很多问题还是要去寻找保险方面的专业人士来处理，这就割裂了保险公估工作的连贯性，不能让保险公估更好地服务于保险行业。

第五节 新加坡保险公估人制度

一、新加坡保险公估人制度

(一) 保险公估人制度现状

1. 保险公估人制度发展简介

新加坡经济在第二次世界大战后飞速发展，成为世界第二大海港、第四大国际金融中心。保险市场也在快速崛起，保险公司多达一百多家。20世纪70年代初，新加坡保险市场放宽准入条件，国际性的保险公估公司得以进入新加坡保险市场。目前，在新加坡保险中介市场上，95%的保险公估业务由6家大型保险公估公司承揽，其中就有4家国际保险公估公司，剩余5%的业务由小保险公估公司经办。曾受英国殖民影响，新加坡的保险公估经营方式有着英国模式的影子，中介市场在保险市场中有着举足轻重的地位。保险公司会将难度较大的理赔案件交给保险公估公司处理。

2. 保险公估人类型

在新加坡，主要有经营财产保险的保险公估人、经营汽车理赔的保险公估人、经营货运检验的保险公估人三种类别。新加坡公估人的类型划分主要是依据其业务范围的区别进行分类，其中汽车理赔定损公估人和货运检验公估人在新加坡占有重要地位，很少有其他国家会将这两类公估人单独分列，汽车理赔业务和货运检验保险业务是新加坡保险市场支柱业务，将两类保险公估人单独区分开来也是为了适应市场需求。委托专业保险公估人处理理赔业务是保险公司常用做法，国内保险公估公司缺乏国际保险公估人的资格，一般只做这两类业务，外资保险公估公司除了这两类业务之外，也接受其他一般财险理赔业务的委托。

3. 保险公估人业务范围

新加坡保险公估人因为其分类不同所从事的业务也有很大的区别，主营财产保险理赔业务的公估公司的业务范围包括：评估分析保险标的的损失原因和程度，确定赔偿责任和赔偿金额，与被保险人协商，生成公估报告，保险公司根据报告作出是否赔偿的决定，再保险公司或共保公司也会采纳公估报告的内容来确定分摊责任。

主营汽车理赔案件的公估公司的业务范围包括：评估保险事故造成汽车损坏的程度、修理费用、重置价格，联系汽车修理厂进行修复，在公平公正的要求下向保险公司出具公估报告，保险公司会在很大程度上采纳报告的建议并作出相应的决定。汽车理赔公估人能够防止被保险人与修车厂合谋损害保险公司利益，减少保险公司损失，促进汽车保险市场的健康发展。

货运检验公估人接受收货人委托，在货运保险标的受损后，货运检验公估人赶赴事故现场进行检查、记录，评估损失原因和程度，向收货人出具报告，收货人根据公估人出示的报告和其他文件向货运保险人进行索赔。

（二）保险公估人的监管政策

据了解，新加坡政府正在考虑以立法等方式对公估公司进行监管，在没有上层法律监管的情况下，新加坡对其公估机构主要实行的是机构监管，目前监管部门可能只对经营汽车理赔的公估公司进行监管，以整顿这些公司的不规范操作，对于其他类别的公估公司暂时没有详细的要求。在新加坡对公估行业行使监管职权的的机构主要有：

1. 新加坡金融监管局

新加坡金融管理局（MAS）成立于1970年。新加坡所有金融行业部门都要受金融管理局的监管，金融管理局针对性地设置多个部门分管金融细分行业，如证券业、保险业等，稳定经济发展，完善金融市场。除了金融行业监管外，金融管理局也承担着中央银行的责任，制定实施稳定国家经济的宏观政策。

2. 新加坡保险监管机构——MAS保险监督署

MAS保险监督署主要负责新加坡与保险业务相关的监管任务，在实施审慎监管政策、提供法律运行环境、保证公估人专业水平和维护委托人利益等方面作出巨大努力。MAS保险监督署监管的领域涉及范围广泛，对于保险中介行业的监管主要体现在保险公估公司的注册、保险中介人资格审查、保险中介的市场行为等。该机构旨在建立一个具有稳健性、竞争性、进步性的保险市场。

新加坡保险监管机构的监管手段与准则几经更迭，由最初以市场行为监管为核心到后来以制定指导性原则为中心，再到后来的以偿付能力监管为主要手段，目前以风险管理为基础。起初MAS的监管态度十分谨慎和保守。1984年外资进入新加坡普通财险市场的通道被MAS关闭。1997年金融危机在亚洲蔓延开来，新加坡保险市场难以幸免，遭受严重打击，保单持有人纷纷脱保，保险公司资产贬值，保险公估公司业务量骤减。为了应对金融危机的影响，也是为了紧跟全球金融一体化、金融创新、产品营销渠道拓宽的发展趋势，新加坡于1999年开始改变监管策略，创新监管方式，由之前的谨慎监管向宽松监管方向发展。MAS称之为"管理"变为"监督"。据MAS介绍，20世纪80年代新加坡就运用偿付能力监管政策对保险公司监管。不过，随着时间推移，市场变化，偿付能力监管的弊端浮出水面：一是保险中介机构之间存在联系紧密，存在深入合作现象，中介机构之间风险传导性强，这种风险难以通过"一刀切"的方式解决；二是新加坡金融行业是混业经营，MAS对银行业实施的是风险资本管理的监管措施，但对保险行业仅采用偿付能力监管措施，难以满足金融监管一体化的需求；三是将注意力过多地放在了负债风险上，忽略了资产风险，难以进行全面评估。

针对上述问题，MAS决定推行RBA监管方式。RBA是一套整体监管措施，运用不同的识别和评估方法来检验测算保险公司存在的财务风险和非财务风险，尤其是其中的RBC方法可以全面衡量不同类型保险公司所存在的风险。RBC监管方法是RBA监管方式的核心，通过RBC方法对资产和负债进行评估和计算测量市场上存在的保险中介公司的财务风险，对每一家公司提出风险资本充足率的要求；运用现场和非现场相结合的手段处理非财务风险和难以量化的风险。根据得出的结果，对中介公司提出指导和要求，建立风险预警机制，并将风险按等级分为正常、预警、重大顾虑、危险、倒闭，根据对应

的危险等级采取不同的处理措施。

（三）保险公估人的行业自律

新加坡保险公估行业协会承担着自律组织这一角色，协会在监督保险公司的经营行为上发挥着巨大作用，由新加坡金融管理局指导。协会代表保险公估公司收集各方对保险公估公司的意见和建议，协调保险公估公司与委托人之间的关系，约束和指导协会会员的行为，制定颁布保险公估行业的从业准则。1965 年，新加坡成立保险公估行业协会，截至目前，除了保险公估行业协会，还成立了新加坡寿险协会（LIA）、新加坡普通保险协会（GIA）、新加坡再保险行业协会（SRA）和保险经济行业协会（SIBA），协会之间紧密联系，开展合作，形成促进保险市场稳健发展的完整的行业组织体系。协会要求会员公司的管理人员对公司的经营行为和员工职业操守负责。按照 MAS 的要求，各协会邀请保险行业的专家和学者，成立专业委员会，共同研究公估行业的建设问题和方向。协会在 MAS 的指导下，及时反映保险行业经营和发展问题，MAS 还会对行业的许多项目提出要求，甚至直接参与到一些重大项目，各协会协助 MAS 落实。

近些年来，行业协会在统一保险公估人行为规范、完善管理标准、协调各方利益方面作出了巨大的贡献。例如，LIA 在 2000 年成立专门委员会，制定影响深远的 CEDLI 报告，以便规范寿险销售行为，监管销售人员参加培训情况；GIA 则成立车险特勤委员会，制定 MITF 报告，颁布行为准则；GIA 也联合 18 家评估公司成立为投保车辆定损的评估中心，规范评估中心所收取的评估费用，并详细制定了评估流程。众多行业协会出台的政策和措施，在很大程度上为保险公估协会提供了很好的方向和丰富的经验，多方联合也能促进协会更好地发挥行业自律的作用。

二、新加坡公估人制度评价

（一）新加坡公估人制度特点

在东南亚地区，新加坡保险公估行业发展早，市场成熟，政府更重视保险公估行业的建设，使其领先于该地区的其他国家。保险公估公司的准入门槛比较低，符合公司法的各项规定后即可进入保险公估行业。经过几十年的发展，新加坡保险公估行业有着非常明显的特点。一是监管制度与国际接轨，参考国际保险监管协会（IAIS）的核心指导原则，明确监管的宗旨和目标，完善监管架构，设立保险公司的准入门槛，规定资本充足率的要求，规范市场行为，紧跟国际保险公估监管的趋势；二是监管模式创新，监管机构出台了以风险资本管理为核心的新监管方式，实现了由偿付能力监管向以风险监管为基础的转变，使监管行为紧跟市场变化，营造高效率、有活力的市场；三是监管制度覆盖全面，行业自律组织作用得到充分发挥，市场行为规范、代理人培训、投诉管理等方面有保险行业协会进行日常管理，与政府监管和市场约束一起对保险公估行业层层监管。

此外，新加坡有国际认可的保险公估人培育制度。毕业于新加坡国内大学保险系的学生若想在英国高校的保险学院进修可免修部分科目，同时也可以考取英国保险理赔师资格证书，保险从业人员的资格认证与国际接轨迈出第一步。新加坡的保险公估协会作为民间组织，担任着公估师的培训职责，目前，新加坡已有多名公估师获得了澳洲或英国理赔师学院的认证资格，取得大专及以上保险专业学历的毕业生，可参加英国保险学院的进修考试。新加坡保险教育水平深受国际认可。

（二）新加坡保险公估人制度存在的主要问题

新加坡保险公估人制度存在的问题主要有以下几点：

1. 缺乏对保险公估人的立法监管

在新加坡现行对保险公估人的监管方式中主要还是机构监管，政府正在考虑以立法的形式加强监管，但是现行的制度体系缺失上层法律，没有了法律进行方向性的规定很容易造成机构监管的不到位或者过度监管削弱保险公估市场的积极性。此外上位法的长期缺失使得执法部门不能做到有法可依，不能直接有效地对公估人违法行为作出准确的量刑与处罚，这样就不能有效地保证保险公估人市场维持长期稳定的运行，甚至对整个保险中介市场带来影响。此外机构的监管主要着眼于公估人行业的运行状况，而立法层面的监管则可以在整个保险业的层级上对保险公估人实行监管，监管切入点不同带来的监管效果肯定有所差异，所以新加坡将立法监管尽快提上日程十分有必要。

2. 保险公估人业务范围不明确

新加坡作为世界第二大海港，海上保险业务量十分巨大，同时海上保险因为其业务的特殊性需要更加专业的人才，所以对于这样的特大级的海港型城市十分有必要有专门从事水险业务的专门人才，但是在新加坡的保险公估人业务划分上没有单独列出专门从事海上保险公估业务的公估人，仅仅将其归入经营财产的公估公司，这种做法有违保险公估人专业性的原则。

第五章 保险公估人制度比较与借鉴

第一节 发达国家保险公估人制度比较

上文已经详细介绍保险公估业诞生于英国，随后保险公估在世界各地逐步发展开来。随着社会经济和保险行业的迅猛发展，保险公估的含义已不再是单纯的损失理算了，它涉及保险行业的方方面面。目前，保险公估的活动范围已经从单一的损失理算扩展为风险评估、风险管理、理赔核算、查勘事故现场等一系列业务，与此同时服务对象的范围也发生了变化，现在的保险公估人既可以接受保险人的委托进行公估服务，同样也可以接受被保险人的委托开展业务。

下文对部分发达国家的保险公估行业进行比较，这些国家的保险公估行业已发展多年，有着悠久的历史，保险公估制度已相当完善。通过这些国家的保险公估行业的比较，值得我们借鉴，能够为促进我国保险公估行业的发展和完善提供借鉴。

一、保险公估人的类型比较

保险公估人类型划分对保险市场非常重要，影响着保险公估市场能否有序开展，各国都非常重视这一环。从前文所述可知，保险公估人的种类繁多，在不同的国家其种类的划分方式和标准不尽相同，如美国的保险公估人种类就包括代理人、公司公估人、独立公估人、公估局以及公共公估人等。但总的来看，世界各国的保险公估人种类以三种方式进行划分，即按委托人的不同划分、按组织形式划分、按业务险种划分。

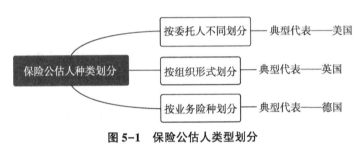

图 5-1　保险公估人类型划分

（一）按委托人不同划分

保险公估的委托方可以是保险人或被保险人，根据委托方的不同可将保险公估人分为两类，其一是委托方为受损害保险公司，这一类专门处理保险公司所委托的保险公估服务。与之相对应的是与保险公司没有建立雇佣关系、不专门为保险公司提供公估服务，独立处理损害理赔业务。上文所提及美国的代理人中，公司公估人、独立公估人就是这其中的第一类，公估局更是由各保险公司组成，他们接受保险公司的委托，为保险公司服务，而公估费用也由雇佣人即保险公司支付。而美国的公共公估人属于第二类，这些公估人独立处理跟保险公估有关的业务，因为公共公估人代表的是大众的利益，当发生保险事件时，为了防止保险公司的公估人为了保险公司的利益对自身作出不公平处理时，被保险人可以自己聘请公估人参与到保险公估工作中，但是被保险人要按照一定比例或者约定支付公估服务费。部分国家在这种划分方式上做了一些改变。比如德国，各类保险公估人就某个案件接受保险人的委托或者接受被保险人的委托，他们经常为保险人或被保险人服务而不受委托人的限制。

这种划分方式方便简洁，但存在着一些缺陷。由于保险公估服务是一种专业性很强的工作，各种类型的保险标的存在着巨大的差异，不同的业务种类需要的公估人才也就不同。而按委托人不同的划分标准在业务种类上没有明确的要求，将所有的公估服务笼统地归为一类，这对公估报告的专业性是一个较大的挑战。

（二）按组织形式划分

公估人的另一种划分方式是按照组织形式划分，当下国际上流行的保险公估人组织形式一共有三种：有限责任制、合伙制、合作制。其中英国使用的是有限责任公司或合伙制这两种组织形式的自由选择，各个国家可以根据本国具体国情和要求灵活地选择这两种组织形式，只要完成当地的商业注册要求便可注册营业。在德国公估人的组织形式主要采用有限责任的形式。随着国际市场的开拓，各发达国家都有自己的跨国公司或者海外机构提供保险服务。保险公估公司也参与到国际收购、合并分浪潮当中去，成立国际保险公估公司。

（三）按业务险种划分

除了按照委托人的不同进行划分，按处理业务范围的不同进行划分是一个非常重要的标准，而且很多发达国家都是按此标准进行划分。这种划分标准能够很好地避免按照委托人划分标准的问题。

在这种标准下，各国的具体划分方式也有些差别。比如在英国，按照处理的业务不同，划分为财产公估人，专门处理和解决财产保险索赔案件；营业中断公估人，主要解决业务中断索赔案件。

新加坡按照此种方法，将保险公估人组织划分为三类，分别是经营财产保险的公估公司、经营汽车理赔定损的公估公司和经营货运检验的公估公司。最为典型的国家是德国，德国也将保险公估人的种类按此方式划为三类。第一类是海上保险公估人，这类公估人的业务范围主要是处理海运、航运保险等方面的业务。海上保险和航运保险不同于其他种类的财产保险，这两类保险因为其业务特殊性均属于国际型保险，保险合同中往往涉及更多的关系方，一份保险合同可能涉及发货人、收货人、承运人和保险公司等方面的利益与责任，每当发生保险事件时各方当事人可能难以达成一致的意见，加之本身海上保险业务的特殊性需要具有更加专业知识的公估人来处理理算定损服务，因此海上保险公估人应运而生。第二类是汽车保险公估人，顾名思义这类公估人的公估业务主要对口汽车保险，处理与汽车保险有关的公估业务。当下汽车的普及率非常高，各个国家的车险业务都在该国的财险市场上具有举足轻重的地位。正是因为业务量巨大，车险的理赔次数也是最多的，繁多的车险理赔工作会让保险公司不胜其烦，但是如果保险公估人参与到整个理赔的过程中无疑会最大限度地为保险公司提供助力。公估人参与汽车保险的理赔公估可以减少保险人与被保险人的正面交流，能有效地避免双方在修理费用、重置价值方面的直接冲突，防止保险公司的理赔人员与被保险人、汽车修理方合谋骗取保费。第三类是火灾及特种保险公估人，该类保险公估人主要处理火灾及特种保险等方面的业务。随着经济的发展和科学技术的进步，财产保险的承保范围日益扩大，保险理赔的技术含量不断提高，保险公司自行处理理赔的难度加大，因此大量拥有专业技术的保险公估人的出现，满足了火灾和特种保险的需要。此外，一些国家的保险公估人主要从事各类责任保险领域的公估业务，还有主要从事巨灾估损业务的保险公估人，最典型的是对台风、洪水和地震等巨灾损失进行评估。

不同的险种之间涉及的保险标的有着巨大的差别，各有各的特点，所涉及的专业技术、业务流程、保险责任等诸多内容都存在着壁垒。世界经济不断发展，高科技开发与突破，使保险面临的风险具有发展性。一家保险公估公司很难处理好所有险种的公估业务，单个保险公估人也很难将所有险种的业务流程和专业技术熟记于心。将保险公估人按照险种业务的不同进行划分，能够使得保险公估人术业有专攻，处理与自己专业技术相关的险种。这样，保险公估人的公估报告才能够具有专业性和技术性，使索赔案件相关各方信服，为客户提供便利，公估业务有条不紊地展开，促进公估市场有序发展。

二、保险公估人的级别

有些国家在尽量细致地划分保险公估人的种类彰显差异性的同时，也在规定着严格的保险公估人的等级制度。这种级别的设定能够很好地确保保险公估人的专业素质，促使保险公估人为了提高自身的竞争力，获得更好的发展空间，努力参加技能培训和等级考试，这样会使保险公估行业更加规范，保证对客户服务的质量，同时也会满足客户不同层次的需求。这一方面，日本做得非常完善。

在英国并没有明确的法律规定保险公估人需通过一些途径取得公估人资格证才能从事公估工作，只要自己有意愿想要从事公估工作就可以进入该行业。只是保险公估公司为了消除客户的顾虑，会要求公估公司的负责人必须持有特许公估师学士资格。在这种没有强制规定的情况下，公估公司的职业水平就难以保证。不过，英国有着高度发达的行业协会组织——英国特许公估师协会，该协会组织培训和考试，将会按技能高低进行划分，特许保险公估师协会的会员分为普通会员、许可证会员、特许公估师学士、特许公估师院士。

日本在保险公估人等级划分上是世界典范，日本将保险公估人按照其技能级别分为一、二、三级，公估人若想取得公估资格需要按照规定参与相应的考核，考核从三级开始，通过后可以逐级继续考核，考核过程中不可以越级。其中公估人技能三级是最为容易的考核，考试范围只涉及了保险的相关常识、电子和机电学。二级、一级的考核相比之下要更加困难一些，在三级考核的基础上增加了会计学等学科。考试的难度和范围也随着等级增加，这些等级代表的是这些从业人员从事公估活动的能力和水平。进行等级划分不但可以督促这些从业人员不断地学习公估知识，提高技能，更重要的是向保险当事人展示从业人员的服务水平，方便保险当事人根据自己的需要选择公估人，保护自己的利益。

三、保险公估人业务范围

保险公估人的业务种类与保险人的业务种类大致相同，但是保险公估人业务范围的划分对公估行业非常有必要，它规定着保险公估人可以做什么，不可以做什么。保险公估人业务范围产生原因有二：一方面是有关保险业务具有很强的专业性，一般保险公司不能很好地解决这方面的问题，需要专业的保险公估人参与协助，提供公估报告和咨询服务；另一方面是为了保证保险公估人的公正。保险公估人的报告对保险事故案件各方有着重大的影响，可能会影响双方利益，为了保证公估报告的公平公正性，需要严格规范保险公估人的业务范围。由于各国的地理、历史、文化等背景不同，各国保险公估人的主要业务范围也会存在一些差别。但依据国际惯例，保险公估人一般不参与人身保险的承保和理赔工作，因此保险公估人的主要业务集中在财产保险方面。

在英国，特许保险公估师的业务范围主要集中在保险本身的领域中，如果遇到客户需要或者一些其他的特殊情况，公估师也可以酌情解决一些技术方面的问题。而在欧洲的其他国家，保险公估人解决的业务内容则有所差别。如在德国，保险公估人涉及业务范围大抵与其国家相同，但在实际操作方面德国保险公估人主要解决技术性的问题，以德国比较著名的海上保险为例，当船舶在海上遇险时，往往船舶的船上设备、相关机器、引擎等机器设备容易发生故障，对于这些专业的机器设备进行公估往往需要更加专业的相关知识，保险公司就需要请船舶公估公司出面处理，在保险业务方面解决得较少。

在北美洲，保险公估人主要解决以保险内容为主的问题，不提供技术方面的服务，每当保险公司涉及技术方面的问题，它们可以聘请各行各业专业的技术专家来处理。在美国，保险公估机构主要负责的是当保险标的发生损害时的查勘、定损，以及保险标的承保时的风险评估、货物的监装监卸以及理赔以后受损货物的处理和拍卖等种种事宜。

日本是亚洲的保险大国，保险公估人主要负责保险标的的价值评估和损失估量。在保险公司确定承保之前保险公估人要对保险标的进行价值评估，并且出具评估报告，保险人按照评估报告对将要承保的标的酌情承保。就估损而言，公估人主要负责的就是在发生保险事故后，货物、船舶、航空工具、机器设备等受损标的的估损，当保险公估人收到保险公司的委派后，首先要去保险事故现场进行现场勘验，然后就受损标的的情况进行公估，形成公估报告递交给保险人。从保险公估人的估损类型上看主要有火灾估损、巨灾估损、复杂估损、责任估损。火灾估损就是对居民住宅、商店、工厂等发生火灾后对其损害进行评估，巨灾估损是对因台风、地震等巨灾造成的损失进行估损，复杂估损是对一些精密机械、建筑，以及一些工程领域进行估损，责任估损指的是对由于第三者责任引发的损失进行评估。

具体来说，各国家的业务范围可以总的概括为承保公估和理赔公估两部分。承保公估属于事前预防行为，理赔公估属于事后处理行为。这两部分包含了保险标的承保前的检验、估价、风险评估；保险标的出现后的查勘、检验、估损及理算；

风险管理咨询业务等，具体内容可参考第三章第四节的相关内容，本章不再赘述。

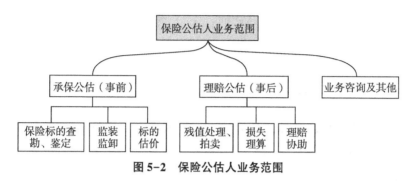

图 5-2　保险公估人业务范围

四、保险公估人的协会组织

保险公估行业的健康有序发展离不开保险公估行业组织，发达国家都有保险公估行业协会组织，最为知名的是英国特许公估师协会，它是目前世界上保险理赔领域的权威，其他如美国全国独立公估人协会、新加坡保险公估协会。虽说这些协会大都属于民间组织，但作用远远超过了普通行业的组织范畴。这些协会组织在行业监管、考试安排、规范指导等公估行业方方面面发挥着无可限量的作用。各发达国家保险公估行业组织主要工作内容会有些差别，比如，美国公估师协会并没有建立公估人考试制度，而英国、日本等国家都有完善的公估人考试制度和程序。不过，这些协会组织的工作内容在众多方面是相同的。主要体现在：（1）对即将入职的保险公估人提供职前培训，并且举办相应的公估人资格考试，对公估人的资格水平进行考察；（2）通过要求会员遵守严格的职业操作规则以及建立较高的教育与知识水准，提高保险公估人的职业效率；（3）作为保险公估人联系的纽带，加强保险公估人之间的交流；（4）对协会在册的公估人提供定时的培训，并定时向协会内有需要的人提供资助；（5）提供保险公估人行事准则，对行业进行监督指导等。

五、保险公估人资格认证

保险公估活动涉及的领域广、技术性强，其公估结果是对保险合同双方当事人的一个重要参考，美、日等发达国家都会要求保险公估人获得专业的资格认证。

在美国大多数州都规定保险公估人若想从事保险公估行业，需要通过指定考试取得保险公估人资格证。尽管各州对公估人的职业要求方面存在差异，但是在公估人资格证考核这一方面，各州都是基本相同的，美国这种公估人资格证制度的主要目的是要保护各州保险公估人的利益。

在日本，主要由灾害保险协会负责对保险公估人的选拔与资格认证，只有通过灾害保险协会指定的考试才能取得保险公估人的资格，因此日本保险公估人资格是灾害保险协会认证的资格并非传统意义上公认的资格。时过境迁，日本公估人的认证方式也发生了改变，以前日本灾害保险协会为了防止外部人员参与保险公估工作，与协会人员"分一杯羹"，该协会严格规定了"报考资格"与"注册资格"的限制，最大限度地保护了保险公估人和公估事务所，但是这种封闭式的资格制度显然并非长久之计。20 世纪末日本经历了金融危机，金融市场上盛行自由主义原则，这种原则无疑与之前公估人的选拔制度形成了巨大冲突，因此日本灾害保险协会也对之前的公估人资格制度作出了修改，修改后的制度允许外部人员也可以自由加入公估人的行列。

英国拥有历史最为悠久的保险公估人制度，英国保险公估人资格的认证主要由特许公估师协会负责，公估人首先要在该协会组织的考试中取得公估人资格，以后公估人若想继续提高自身的职业水平，仍需继续参加协会组织的其他资格考试。需要一提的是，在英国并没有明确的法律规定公估人执业首先要取得职业资格证，任何人都可以自由参与到保险公估工作之中，但是在实际上由于保险公估公司要取得保险公司的信任，彰显公估人员的专业性，公估公司一般要求公估人员要取得协会的公估人资格证。

新加坡和英国一样，在法律制度上并没有要求保险公估人需考取从业资格证，保险公估从业人员自愿进出行业，门槛较低。但是监管部门对于保险公估人的执业行为有着严格的规定，如果违反规定，公估人会受到相应的惩罚。

德国的保险公估人与保险代理人和保险经纪人在职业资格上没有明确的区分，按照德国保险监管部门的规定，凡是进入保险中介行业的个人必须要参加资格培训并通过资格考试。

从以上对比发现，各国对于保险公估人的资格认证有着不同的安排，有的国家在法律和规章制度层面上对保险公估人的从业资格有着严格的规定，行业门槛较高，而有的国家却不设置行业门槛，保险公估人凭自己的意愿进出公估行业。不过，从文中对比和历史经验来看，各国家保险公估行业的隐形门槛确实存在。这是由于保险公估行业所涉及的领域和业务具有技术性，想要从事该行业需要一定的专业背景；另外，即便各国家在法律和规章制度上面没有严格的规定，但是为了行业的健康有序发展，保护委托人的利益，行业协会和有关监管部门会对保险从业人员的职业水平作一些要求。

六、保险公估业监管体系

保险公估活动具有很强的技术性和专业性，公估结果能够直接影响到保险人和被保险人的利益，进而影响到保险的公平性，因此为了保障保险当事人双方的利益，为了更好地发挥保险的职能与作用，必须对保险公估人的公估行为加以监管和限制。比如美国采取政府监管和行业监管相结合的方式，英国的行业自律在保险公估监管中发挥着至关重要的作用。监管方式、监管力度取决于各国的保险公估行业的发展程度和历史背景。

保险公估这个行业发源于英国，政府对保险公估行业实行最为宽松的监管政策，保险公估不纳入保险行业的政府监管体系中，而是交由保险公估行业自律组织进行管理。英国的保险公估自律组织是英国特许公估师协会，特许公估师协会对会员进行统一管理。保险公估从业人员需参加该协会组织的考试进行资质认证，成为特许保险公估协会的成员。特许公估师协会颁布一系列规章制度对协会会员进行约束指导，组织会员业务培训和职业素养教育，对协会会员按照资质进行等级的划分。

美国对保险公估人的监管执行的是政府监管与行业自律机构监管相结合的制度。在美国有 34 个州政府对保险中介机构的成立采用的是政府许可制度，保险中介机构向政府递交申请书，政府同意该申请后，保险中介机构方能挂牌营业，这也是保险公估机构能从事保险公估工作的硬性要求。州政府在执行监管时一般采用的是立法、司法、行政的监管方式。首先通过制定法律对本州之内的保险公估人员的组织形式、业务范围、从业资格、佣金标准进行详细的规定，再通过司法和行政的手段将立法的内容予以贯彻。联邦政府则通过全国保险监督官协会来对保险中介的情况进行协调。在行业内自律协会方面，美国也有众多涉及保险公估的自律组织，比如美国独立公估人行业协会、美国代理人协会等都对美国公估人行使着监管的职权。

相较于美国和英国的监管模式，日本的监管制度又有些不同。日本不仅强调按行业监管的重要性，也非常重视社会监督。日本早在 1996 年就已经取消了保险公估人市场准入的审批制度，采取报告制度。日本的保险公估行业协监管机制已较为完善，建立了政府监管和行业自律双重保险公估市场管理体系，辅之社会监管，大部分监管职能由行业协会或社会力量承担。日本也将公估人社会信用评级交由第三方社会组织管理，能够不定期更新保险公估人的社会信用情况。

德国对保险中介的监管以稳健见长，在保险业发展初期就制定了《保险监管法》和《保险合同法》，并在之后对《保险监管法》做了重大调整，为监管部门履行风险防控职责奠定了坚实的法律基础，同时也为保险公估行业的监管提供了明确的依据，监管部门根据新形势新任务，制定了相应的保险中介最低风险管理要求条例。在保险中介监管机制上，德国构建了以非现场监管为主、现场监管为辅、监管协调为保障的风险防范体系。德国监管体系中自然也包括行业自律。在德国，最著名的保险公估行业自律协会主要是欧盟保险公估专家联合会。该联合会对公估行业进行监督指导和提供技术性的建议。

新加坡目前正在考虑立法来对保险公估公司进行监管，在没有上层法律监管的情况下，新加坡保险公估机构主要由机构进行监管。监管公估行业的机构主要有新加坡金融监管局、MAS 保险监督署。新加坡保险公估人监管机构的监管目标是维护保险市场稳定运行，最大限度保障保险人以及被保险人的切身利益，并且在一定程度上协助保险公估人向着更高水平的方向发展。在监管形式上，金融监管局并不是对公估机构直接监管，而是对这些机构进行指导与指正。新加坡保险公估协会代表公估公司协调保险各方的关系，督促会员进行行业自律，以及制定新加坡保险公估的从业标准和职业准则等。

各国家的监管体系大概分为三种方式：政府监管、行业自律、社会监管。

政府监管是指国家采取行政立法的形式对保险公估行业和保险公估人进行监管，政府监管分为立法监管和机构监管。

行业自律就是行业的自我监管，在行业体系内部甄别公估机构的违规操作和违法行为并相应地予以惩罚，有效的行业自律体系能够保持保险公估行业的健康发展。在保险公估市场上行业自律机构一般都是该地区的保险公估人协会，该协会主要负责对协会内的会员进行培训，为行业持续输送高质量的人才；为从业人员提供行事准则，规定成员应具备的专业水准；颁布一些规章制度，在专业技能和职业道德上对从业人员进行约束和指导；保证保险公估人的公平性、专业性、合规性，保护客户的相关权益。

在一些国家，特别是英联邦国家，保险公估人的注册标准只要符合一般企业注册标准即可，保险公估机构并未纳入保险监管的行列之中，因此保险中介监管机构也就没有权限对其进行监管。在这些国家，保险公估人不纳入保险监管的范畴之内的原因有二：一是因为在这些国家公估人机构并非仅服务于保险行业，它们的业务也会延展到好多行业；二是因为同样作为保险中介机构，保险公估人与保险代理人、保险经纪人的性质具有较大差异。保险代理人完全代表保险公司的利益对外展业、签单、收取保费，由于社会大众无法知道代理人的合法性、代理权限、业务范围等内容，因此法律如不对保险代理人予以专门的规范，被保险人的利益很难得到保障。同样地，保险经纪人一般代表被保险人的利益，其工作性质与保险代理人相同。也即是说公估人的行为不对保险合同关系产生直接影响，因而保险公估人一般只受普通法律的管理，并通过市场的力量和协会自律的方式予以规范和约束。

社会监管是对公估行业监管体系的一个重要补充。社会监管主要指市场力量监管，如信用评级中介机构、保险公估投诉处理中心等机构对保险公估人的社会监管。对于保险公估人的违规行为，发达国家有专门的社会投诉部门，允许客户投诉，经由该部门进行调查，酌情采取纪律处分。如日本允许客户直接向大藏省投诉，还将危机的公估人列入黑名单。社会信用评级机构责任不定期地对各类保险公估机构进行信用评级，以作为保险双方当事人选择保险公估人的有力依据。

表 5-1　不同国家监管方式的比较

监管方式\国家	政府监管		行业自律	社会监管
	立法监管	机构监管		
美国	强	强	较强	—
英国	弱	弱	强	—
日本	较强	较强	强	强
德国	强	强	较强	—
新加坡	弱	较弱	强	—

保险公估行业的监管体系对于公估行业的发展最为重要，是整个行业的支撑，各国家都非常重视监管体系的建设和完善。一个完整的监管体系应该是政府监管、行业自律和社会监管三者相统一，我们可以看到很多国家也朝着这一方向努力，比如新加坡正在考虑对保险公估行业进行立法监管，弥补法律层面的空缺。

第二节　对我国保险公估人制度的借鉴

在这些发达国家，保险市场已经很成熟和完善了，产品的开发、售后服务、风险管理这些方面主要由保险公司承担，而承保、理赔核算等公估业务主要由保险公估人承担。我国的保险市场近年来也在不断地完善和发展，但是在专业的公估机构以及公估人员方面我国还存在着明显的缺口，现有的公估机构以及公估人员还无法满足市场的需求。因为发展时间短，我国保险当事人的公估意识还没有完全建立起来，当被保险人发生保险事故时，一般情况都是直接与保险人接洽，商量理赔事宜，甚少有被保险人想到寻求公估人的帮助。在理赔发生争议的时候也只能采取诉讼的手段。此外，从保险公司层面上考虑，由于我国保险业长期发展模式的限制，目前我国许多保险公司对保险公估仍存在着不支持、不理解的现象，这就在一定程度上限制了保险公估的发展。由于我国本土保险公估公司的品牌不强，当需要借助保险公估人处理理赔案件时，常常因为保险公估公司不受信任而聘请境外公估公司。但是外资保险公估公司由于"水土不服"，很难依照我国公估习惯做出令双方当事人都满意的结果，造成"滥赔""惜赔""错赔"的案件，影响保险公估市场的规范运行和发展。

经过上文对部分发达国家的保险公估行业的比较，结合我国公估行业存在的问题，可以从这些国家先进的公估制度进行借鉴，从而促进我国保险公估市场的发展和完善。下文主要从以下几个方面分析从发达国家保险公估行业制度上的借鉴。

一、实现政府监管、行业自律、社会监督相统一

监管是一个行业能否长远健康发展的重要因素，尤其是在保险公估行业中，保险公估人的公平性、专业性都会直接影响公估案件各方的直接利益，所以保险公估监管更是重中之重。各国家也非常重视这一点，都有着一套适合本国的监管体系，而且在发展的过程中仍在不断地修正和完善。我国应当从中汲取先进的经验，摒弃其中的不足，尽快制定符合我国国情的监管体系。

从上文可以看出，许多公估市场比较优秀的发达国家在监管方面普遍采用的监管方法有政府监管、行业自律协会监管、

社会监管三个方面，从世界公估人的发展经验来看，将这三方面监管有机地融合起来对于保险公估行业的发展是非常有帮助的。

（一）政府监管

政府监管指的是由政府主导，通过各个监管部门运用行政手段、经济手段、法律手段对保险公估市场的结构、保险公估人的职业规范进行指导，在宏观层面上调控整个行业大方向，进而促进整个行业向好发展，让保险公估行业更好地服务保险市场。政府监管的手段主要体现在两个方面：一是制定并颁布各种法律法规规范保险公估市场，二是设立专门的保险监督管理机构对保险公估行业进行监督和管理，确保法律法规的贯彻落实。

从上文可以得知，部分发达国家，如英国并没有将保险公估行业纳入专门的保险监管当中去，而是由代理法规在内的普通法进行规范，行业自律在保险公估监管中发挥着巨大作用。这是由于这些国家的保险行业历史悠久，而目前我国保险市场法律机制还不完善、没有形成统一体系，没有成立全国性的保险公估行业协会，行业自律乏力，现阶段，政府监管应发挥出主力作用。应尽快地制定和完善保险公估法律和规章制度，在法律层面上作出有效指导和规范。同时，应设立专门的政府机构，根据相关法律条例，对保险公估行业进行监管。

（二）行业自律

行业自律是保险公估人的自我管理，行业组织协会是行业内的成员为了长远的利益和本行业的发展，协调内部成员之间的关系成立的行业协会，能够提供良好的沟通环境，实行自我监管，相互约束和共同发展，是一种民间组织。以英国为例，保险公估机构以一般的商业企业组织登记注册，只是受到一般的法律约束，并没有纳入保险监管的范围当中去。由于保险公估人的业务范围主要涉及专业性强的领域，这些业务能否得到公平公正的解决，会影响保险合同当事人双方的直接利益。所以，这些特殊性促使了国外保险公估协会的产生和不断完善发展。这些国外保险公估人协会在行业自律中发挥着无可替代的作用。从这里可以看出，尽管发达国家的保险公估人协会是一个民间成立的组织，但是其地位和作用是其他行业组织不可比拟的。目前，我国的保险公估行业自律的建设仍不健全。我国保险公估专业委员会（以下简称专委会）于2014年3月7日正式成立，是中国保险行业协会（以下简称中保协）的分支机构，接受中保协的领导和中国银保监会的业务指导，成立时间较短。

从上文可以看出，保险公估行业自律的作用主要体现在以下几个方面：第一，作为政府监管的补充。政府通过经济、政治、法律手段对保险公估行业进行监督管理。不过仅凭政府监管远远不够，政府监管存在着许多局限性。从法律手段上来讲，法律仅是涉及原则性条例，不能面面俱到，可能与行业发展脱节；从行政手段上来讲，尺度上难以把握，过多的行政干预可能与市场行为初衷背离，有可能产生腐败现象，阻碍保险公估业的发展；从经济手段来讲，其发挥作用的场合受限，难以操作。众多公估机构和公估人组成的保险公估行业协会，对本行业的现状、存在的问题最为了解，能够第一时间发现问题，并能以专业的视角进行解决。相对于政府监管来说，更为方便灵活，能够很好地弥补政府监管的不足。第二，能够协调各方关系。由于保险公估行业协会是由保险公估机构组成的，协调各方面的关系是保险公估协会的一个突出优势。它能够协调政府与保险公估人的关系、保险公估机构之间的关系、以及保险公估行业与其他行业的关系。在一些案例中，我们可以看出，在保险公估作业中，保险公估人的查勘评估会涉及公安、交通、司法等部门，需经这些部门的帮助才能调查事故的发生过程和原因。但由于种种原因，这些难以实现。要得到政府部门的配合，单个保险公估人无能为力。而保险公估协会能够胜任此工作，充分发挥协调作用。第三，保证从业人员的技能水平和道德素养。从各个发达国家的比较中来看，保险公估机构或者从业人员需要向保险公估组织登记注册，参加协会组织的专业考试、资格认定和技能培训等。自律组织在提高从业人员技能水平，规范和指导公估人的行为上发挥着巨大作用，能够促进行业水平提升。行业自律主要包括制定保险公估人行为准则，组织教育培训和专业考试，提供指导等。

（三）社会监督

社会监管指的是利用市场的力量对保险公估行业进行监管，这种监管是政府监管和行业自律最强有力的补充，一般情况下各个国家都会设立保险公估行业投诉受理等机构对保险公估人进行监督。这些机构会不定期对各个保险公估机构进行信用登记评定，评定的结果可以用作保险当事人选择保险公估机构的依据。但是在我国并没有专门为保险行业设立专供客户投诉的社会机构，这种机构的缺失很明显减少了客户维权的途径。公众对企业的认可会在很大程度上影响保险公估企业的社会形象和商业信誉，因此社会的监督在规范企业市场行为方面能发挥重要的作用，促使企业提高对自我的约束和规范。

二、提升政府的监管效率

（一）建立完善的法律体系

任何监管政策的实行都离不开完善的法律体系，发达国家在这方面显现出优势。完善的保险公估法律体系首先要厘清现有的涉及保险公估的法律规章，及时废止、摒弃不合时宜的、不符合保险公估行业发展现状的法规。细化和明确模糊或者意义未明确的法律条文，吸收发达国家的经验和适合我国国情的规章。简化冗余烦琐、不易理解的法规条款。

（二）提高行业准入门槛，建立等级制度和资格考试体系

建立公估人等级制度和资格考试体系实际上就是对保险公估从业人员的监督管理。从前文所述的比较中，部分发达国家有着严格的保险公估人等级制度。如在英国，特许保险公估师协会的会员分为普通会员、许可证会员、特许公估师学士、特许公估师院士。日本保险公估人的技能级别由高到低，分为一级、二级、三级。而这些国家保险公估人为了取得一定的技能级别，需要参加相对应的考试并完成注册。在《中国保险公估人监管规定》中，保险公估从业人员的定义为通过保险公估人从业人员考试、取得保险公估从业人员资质的专业人员。但是

保监会于 2015 年 4 月 24 日发布了《关于保险中介从业人员管理有关问题的通知》，该通知决定废除保险公估人员的考试。考试制度废除后，《保险中介行政许可及备案实施办法》要求保险公估从业人员实行登记管理，保险公估人进行职业登记后并获得职业证书。这代表保险公估从业人员的管理转为了保险公估人自行管理，放弃了对于保险公估从业人员的准入管理。

借鉴发达国家的经验，很多国家明确规定进入保险公估行业必须要通过相关的资格考试，领取资格证书，虽然有些国家对行业准入并无硬性规定，即便如此，这些国家的自律组织却管理着保险公估从业人员的准入，例如英国。但是没有一个国家像我国一样直接取消保险公估从业人员的考试制度，直接将准入管理交给公司自行把握。这样做的后果是无法把握保险公估行业相关人员的从业资质和专业水平，保险从业人员的技能水准得不到保证，公估结果报告效力不高，保险公估人的权威无法树立，保险公估人的业务水平参差不齐，严重阻碍保险公估行业的发展。

目前，我国应借鉴发达国家的先进经验，建立保险公估人的等级制度和注册资格考试体系。这些工作一般主要由保险公估行业组织进行统一安排。但是由于我国目前专委会成立时间较晚，政府有必要将这一制度完善和发展。建立保险公估人等级制度和注册资格考试体系能够保证从业人员的技能水准和职业素养，使雇佣人能够相信保险公估人的工作，对我国保险公估行业的发展具有重要意义。

三、加强中国公估专委会建设

保险业能够健康稳定地发展，行业协会发挥着至关重要的作用，行业协会相较于政府的监管有着先天的优势，那就是专业性，一个行业的行业协会肯定会比政府更了解这个行业的实情，保险公估行业也不例外。发挥自律作用的关键在于形成行业自律要求与政府行政管理有机互补、良性互动的关系，不断提升自律管理的公信力和权威性。英国保险公估行业历经了上百年的发展，逐渐形成了世界上最为权威、最为专业的公估行业自律组织——英国特许公估师协会，该协会通过制定《职业行为指南》，明确规定了奖惩措施，在公共性、客户利益、专业性、合规性等各方面作出了指导和规定，充分保障了该行业的发展。美国著名的保险行业协会——保险市场标准协会（IMSA）的经验表明，在行业良好地发挥其作用，有针对性地制定行业标准对于提升行业整体水平有着非常重要的作用。

鉴于以上许多发达国家的经验，我国保险公估行业也应当建立并完善专门的保险公估行业委员会。政府应该适当地赋予该委员会更大的管理权限，给予行业协会充分的管理空间。但同时，保险公估人还应接受保险行政监督机构的监管，在我国，专委会是中国保险行业协会的一个下属组织，接受中保协的监督和指导。根据经验，专委会至少要在保险公估人经营范围、报酬制度、依法维权、改善服务方面作出约束和指导。

（一）保险公估人经营范围监管

保险公估人的经营范围就是公估人在法律允许的情况下可

以从事的主要业务范围。上文中已经提到了在很多国家公估人的业务主要涉及承保公估、理赔公估、风险公估、风险评估等。

这种规定方式是针对于保险公估人的整体规定，范围比较广，英国保险公估行业主要采用的是这种方式。不仅如此，根据从业内容，各国家对保险公估人进行了分类：有主要处理海上、航空运输保险等方面业务的海上保险人；有主要处理与汽车保险有关的汽车保险公估人；有主要处理火灾及物质特种保险等方面业务的火灾及特种保险公估人。德国就是将保险公估人的经营范围细分到每种险种。我国保险公估行业处于初级发展阶段，很难做到像德国那样严格细分到每个险种，但是，保险公估行业也在不断地发展，应该将不同险种的保险公估进行一个大致的区分，这样能够提高保险公估人在某些特定领域的专业性和权威性。这一工作需要中国专委会和银保监会进行联合监管。

（二）建立保险公估人报酬制度

取得报酬是保险公估人从事业务的最主要目的，利用好报酬制度能很好地激发保险公估人的业务能力，但是如果控制不当也会对行业造成不良的影响。很多国家监管部门都对保险公估人的报酬组成有明确的规定，比如在日本，保险公估人的报酬主要由标准报酬、各项经费、住宿费、日工费构成。在有的国家，监管部门并未对保险公估人的报酬标准作出明确的规定。比如在韩国，保险公估人的报酬标准比较灵活，行业经过长时间的发展最终形成了两条重要的标准，一是保险公司负担报酬应由理赔公估人与保险公司拟定标准，二是投保人、被保险人、受益人、其他与保险事故有利害关系的人负担的报酬以理赔公估人单位规定为准。

以上两种公估人报酬体系都有其优势所在，我国可以综合借鉴两种理念，制定符合我国国情的保险公估人的报酬制度。

（三）依法维权

中国保险行业协会应该建立并发挥出紧紧扎根于市场与行业的优势，积极开展与参加有关保险公估业的各种决策论证，倾听行业人员与社会人员的声音，针对所反映的行业诉求积极游说政府有关部门，保护会员切身权益。尤其是在保险公估行业宣传上，协会应该努力争取到一定程度的政策倾斜，发出行业的声音。

（四）改善服务

众所周知，保险行业是服务行业，而保险公估业是服务于保险行业的，那么提高现有保险公估服务是十分必要的，同时这也是中国保险公估行业未来的一条出路。我国保险行业协会要逐步加强专业化服务。一是在行业内设立专家团，定时地为社会和行业解决保险专业的疑问。二是在行业内内部建立一个产权清晰、属于行业共享的数据公司，这个公司负责公示行业各方面信息，让整个行业在阳光下运行。三是抓好教育培训，做好教育体系建设，在现有的从业资格考试的基础上增加更深层次的考核，搭建一个体系完整的保险公估人员资质考核系统。

四、提升保险公估行业的整体水平

(一) 人才的管理培养和引进

当前，我国保险公估行业人才缺乏的问题已经成为阻碍行业发展的瓶颈，完善企业的人才管理体系对于保险公估企业乃至整个行业的发展都会产生极大的促进作用。要加强人才的培养，重点是加强对保险公估企业三类人才的管理和合作，包括从业人员、企业管理人员以及高端领域专家。这三种类型的人员由于其工作职责和能力要求的不同，应当实施不同的组织机制。保险公估从业人员可以按照专业资质的高低将其划分为三个层次，包括普通公估人员、保险公估师以及高级公估师。当前的保险公估市场中从业人员的流动较为频繁且混乱，尤其是具备较高专业技能或是从业经验丰富的公估人员。面对这种僧多粥少的局面，一是保险公估企业必须在人才管理体系的建设方面予以足够的重视。二是完善企业对从业人员的培训制度，经验较少却工作激情较高的新人往往更注重他们在企业里的发展前景，并且对于企业的培训制度是否符合他们对未来的职业规划更为敏感，因此保险公估企业应该做到以人为本，从基础阶段培养符合企业要求的人才。三是加强人才的维持，越是资质高、素质好或是专业经验丰富的公估师在择业上越有更多的选择权，因此公司更应加大对这类人才的吸引力，在保险公估师的薪酬制度、福利待遇以及工作环境等一些较为直观的方面给予优待。最后一点，也是最重要的一点是，保险公估业应当加强与国内高校的合作，从"摇篮"里培养适宜保险公估行业的专业化人才，与高等院校达成长期的合作计划，对公估企业涉及的各个业务领域所需要的对口专业进行定向培养。保险公估企业管理人员以及高端领域专家的引进合作与从业人员的管理略有不同。在保险公估行业发展之初，适合企业的高级管理人员不得已需要从保险公司或是其他行业聘用，而这一批管理者也构成了企业管理层的中流砥柱，但是从长远的发展来看，保险公估企业必须要培养适合自己的中高层管理者，从一线部门大胆提拔有潜质的年轻人员进行培养和储备，不仅可以缓解高层老龄化趋势，同时培养了符合保险公估企业自身特点的管理人员。不同的险种业务往往涉及不同的专业领域，以水险公估业务为例，需要的专业人员包括了海损理算、造价工程师、海事工程师，以及海上业务专业律师等多方面的具有资深经验的专家。另外，近些年来自然灾害的频发也为保险公估业务提出了新的挑战，无论是高新科技领域业务的承揽还是灾害的损失理算，均离不开专业领域的专家参与，为了化解偶发性特点，借鉴国外经验，保险公估公司可以将某些特定领域的专家作为外聘人员，与他们达成一种具有长期性和排他性的合作，这样的方式更具灵活性。

（二）业务的拓展与创新

业务是企业的生命线，在当前保险市场激烈的竞争当中，要想取得良好的营业收入，保持企业的核心竞争力，需要不断地开拓市场，同时保持创新。针对我国保险公估业目前的形势来说，业务的拓展与创新需要做好两个方面的工作：一是业务的横向拓展，缩小地域发展的不平衡；二是纵向延伸，提升服务质量。

1. 横向扩张，缩小地域性差异

保险公估业地域性发展差异明显，由多方因素造成，可以将这些因素细分为客观因素和主观因素，其中客观因素包括了如历史背景以及社会经济形势等方面，这些方面是保险公估主体所无法改变的，只能适应形势的变化。但是，一些主观因素却可以通过采取一系列措施来改变，达到拓展业务的目的。首先，应当调整我国保险公估业的区域结构，向中西部发展。这需要因地制宜，立足于当地经济建设形势并结合区域保险市场发展的实际情况进行公估网点的铺设。另外，更要注重城市周边地区以及远郊县城里公估机构网点的铺设，其一，在这些地方设立机构网点的成本较城市里要低很多；其二，避开了城市里与保险公司自身理赔部门以及保险公估同业的直接竞争；其三，更贴近于客户，远郊县城里也许没有城市那么多的大宗公估案源，但车险以及普通的企业财产险的公估业务资源还是十分丰富的。其次，鼓励我国保险公估机构加强与国外有实力的保险公估公司或保险公司建立长期互利的战略合作同盟，这不仅可以使得我国保险公估公司在业务流程方面借鉴发达国家的先进经验，提升自身的服务水平，同时能够借助外国保险公估机构在其他险种上的有利条件将自身业务延伸至其他国家，这是一种更为有效的业务拓展模式。

2. 纵向延伸

公估业务的纵向延伸主要在于细化业务类别，提升专业度。当前保险公估能够涉及的领域越来越广泛，除了业务量最大的车险，其他险种，如企业财产险、水上保险、海上石油保险，甚至医疗保险等对保险公估的需求也越来越大。

企业在经营的过程中面对庞大的市场要做细致的区分，首先明确自己的核心竞争力，以现有的人才、资金等资源储备为基础不断提升本企业的专业化程度，然后在原有业务的基础上进行创新，提升服务质量。除了传统的公估业务，保险公估业必须不断向尖端科技领域延伸。当前科技飞速发展，一些高科技含量的保险标的，如核电站、火箭、卫星等，逐步走入了保险公司的承保范围。因此，保险公估业务向"高、精、尖"的方向发展已经成为必然的要求，只有不断跟上保险公司的脚步才能在激烈的市场竞争中脱颖而出，也只有善于掌握和应用新技术，走在科技最前沿的企业才能立于不败之地。对于我国的公估业还有一块不可忽视的领域是自然灾害以及环境污染等方面的公估业务。近些年来地震、洪水、泥石流等灾害的发生较为频繁，因大面积自然灾害所导致的爆炸、坍塌、沉船、机损等事故以及环境污染所导致的标的物受损等，也对保险公估业提出了挑战，因而需要保险公估机构能够提供及时有效的查勘、检验、损失理算等服务。

第六章　共享公估人模式
在中国的认可度研究

　　保险公估行业在保险行业中有着很重要的作用，因其重要性，所以保险公估业在未来的发展中具有广阔的发展前景和较大的发展潜力。保险公估的业务覆盖面比较广泛，种类也比较多，目前，大部分保险公估公司的业务流程分为以下几个步骤：当出现保险事故时，保险公司联系保险公估公司，委托其进行事故查勘；当保险公估公司接到委托后，安排公估师为保险公司进行服务；公估师在现场完成事故查勘之后，形成公估报告反馈回公估公司，由公估公司将公估结果反馈给保险公司；保险公司在审阅公估报告且无异议后，向保险公估公司支付劳务费，保险公估公司在扣除其他费用后，再对公估师进行结算。在此模式下，有以下几个弊端：一是保险公司与公估师无法建立及时有效的沟通与联系，信息传达的效率低下；二是保险公估师无法获得充足的公估案件，会引发一些问题；三是特大案件很难获得足够的公估资源；四是保险消费者没有足够的公估意识且很难单独与公估师建立有效的沟通联系。整个行业中，资源利用率低下，运营效率差，导致相应成本较高且资源浪费较为严重。在此背景下，本章将针对一种新的发展模式——共享公估人模式进行探讨，研究我国的保险公估业是否能借助此种模式来完成重要的行业转型。

第一节　共享公估人模式概述

一、共享公估人模式概念

我国保险公估行业现有的问题说明我国保险公估业正需要探寻一种新的发展模式，在此基础上，我们提出"共享公估人"这一新模式，与传统公估人相比，共享公估人将借助共享平台进行运作，共享平台为保险公估业务的参与主体提供线上交易线下服务的功能，打破现有的对保险公估师的限制。在共享平台上注册的保险公估师需提供其相关的资质凭证和个人信息，平台为保险公司和保险消费者根据其自身需求进行筛选匹配。

二、共享公估人平台功能

基于前文提到的我国保险公估行业的现有问题，提出了通过共享平台来实施的共享公估人模式。保险公司、公估师和保险消费者在平台注册时需提供相应所需的信息，通过审核，完成注册之后可在平台发布其需求信息。平台根据其需求和条件为双方进行匹配，实现线上沟通—线下公估服务—线上费用实时结算的运营模式。在下文中将简要介绍共享平台为共享公估人模式提供的四种功能。

1. 为保险公司匹配公估师功能

在传统公估人模式中，当保险公司需要公估服务时，需要通过保险公估公司进行业务委托，保险公估公司在接到委托后再派遣合适的公估师去进行委托业务，完成业务后出具公估报告，再由公估公司将报告交给保险公司。保险公司与公估师无法直接联系，中间需要多次的信息传递，导致整体效率低下；在出现保险事故后，公估师无法在第一时间到达现场进行查勘工作，易造成理赔困难的问题。共享平台中的匹配功能就是针对这一问题设计的。当保险公司或保险消费者在平台上发布委托之后，可自行选择公估师；若无选择，平台会根据公估师在注册时填写的信息和资质凭证，与保险公司进行匹配，再由保险公司选择公估师，与其直接沟通，进行委托。双方在平台上建立联系后，公估师可根据案件信息直接前往事发地点，进行公估业务，并及时上传更新公估服务进程；公估师按照平台的标准格式完成公估报告，保险公司审阅无异议后，线上支付服务费用，完成业务，事后进行效果评价。在整个流程中，做到委托双方直接沟通，业务进度实时更新，服务费用实时结算，减少在传统模式中的信息不对称和业务效率低下的问题。

2. 公估师获取案件功能

在我国现有的保险公估制度下，当保险公司需要公估服务时，是与保险公估公司直接联系，通过签订合同的方式将公司的公估业务外包给保险公估公司。整个环节中是由保险公估公司与保险公司联系，保险公估师无法与保险公司直接取得联系，因此无法保证公估师能够获取足够的案件，而公估师的收入与案件数量有很强的关联性，这一功能的设置是为了更好地解决公估师对案件的需求问题。保险公估师在共享公估人平台注册入驻，平台根据其在注册时提供的个人信息和资质凭证进行审核，通过审核后在平台系统中进行信息共享和资源共享，参与公估业务的双方在共享平台上可以直接完成搜索匹配，完成公估服务。在此过程中，平台将作为中间服务商，加强各个环节中的信息共享化，节约大量成本，增加公估师的案件获取量，增加公估师资源的利用率，有效地改善保险公估行业中信息传递效率低、管理成本高的问题。

3. 特大案件整合公估资源功能

在科技不断发展的时代，各行各业都在逐渐专业化、技术化。在此情况下，当发生特大保险案件时，对风险和损失的评估需要保险公估师和相关行业的专家协同工作，完成评估任务。专家们可以以顾问的身份在平台上注册入驻，并在注册时提供其个人信息以及专业信息，由平台对其资质进行审核。审核通过之后，当遇到特大保险事故时可以及时找到相关行业的专家，线上直接联系，保证了业务的时效性。通过共享平台的这一功能，可以做到第一时间将公估业务所需的资源聚齐，节约了大量的时间成本，提高了特大案件发生时公估服务的服务效率，降低了保险公司的成本，同时达到提高资源利用率的目的。

4. 为保险消费者提供公估服务功能

首先，在我国当前保险行业整体的形势上，大众的保险意识仍然很欠缺，而其中大多数保险消费者并不具有保险公估意识，甚至会认为保险公估公司是属于保险公司的。其次，在现有的保险公估市场中，案件来源的主体还是保险公司。保险公估业务的社会委托量很低。搭建共享公估人平台后，保险消费者可以通过共享平台与公估师、保险行业专业人士进行沟通，在选择保险产品时，保险消费者可以通过共享平台进行咨询，选择适合自己的保险产品。当保险消费者对理赔结果不满意时，可以在共享平台上筛选合适的公估师进行公估服务，维护自己应有的利益和权益，这一平台功能可以提高沟通效率和保险公估对保险消费者的影响力，增强保险消费者对维护自己合法权益的意识。

第二节　对共享公估人平台认可度的访谈

一、访谈设计

为了深入地研究共享公估人模式，掌握与研究相关的案例材料，本节计划采用以访谈为主、调查问卷为辅的方式，展开进一步的研究，通过对在一线工作的公估师进行访谈，从实务的角度上，获取专业人士对共享公估人模式的看法。基于实际需要，本节在访谈之初制定了访谈大纲，在访谈过程中，基于访谈大纲的内容，与受访对象进行沟通交流，取得研究所需的信息。

1. 访谈目的

本节计划采用访谈的方式，从共享公估人平台的功能性、合规性、本身具有的优势等方面进行调查，从而了解公估师对共享公估模式的认可度，并从中提取重要信息进行整理，获取从专业的角度对共享公估人模式的观点。根据访谈得到的结果，对共享公估人模式的进一步完善提出合适的建议。

2. 访谈原则

本次访谈将通过一对一交流的方式进行展开，在访谈之前，简要说明访谈的目的，并向受访对象介绍本次访谈的内容，使受访者了解访谈需要的时间。确定受访对象可以提供可靠的信息。如有必要，会向受访对象保证我们不会泄露其隐私信息和其他重要信息，减少受访对象的访谈压力，提高其回答问题的有效性，从而获取真实可靠的信息。

二、访谈过程

1. 访谈对象

本节的访谈调查对象主要是在一线工作的保险公估师团队，包括保险公估师和具有相关专业知识的工作人员。他们来自不同的工作地区，接触到不同的险种，具有专业知识，能够真实地表达出自己对共享公估人模式的看法和建议。

2. 访谈大纲

为了提高访谈效率，本节在访谈之前设计了访谈大纲，访谈的主要内容包括受访对象的基本信息和专业问题两个部分。

其中基本信息包括工作地区、工作险种和工作年限。专业问题部分在向受访对象简要介绍共享公估人模式和平台后，针对平台功能、平台运行的风险、共享公估人模式的弊端和改进建议进行沟通和交流。

三、访谈结果分析

(一）访谈资料整理

在访谈过程中，首先介绍了访谈的目的，简要介绍了共享公估人平台的搭建目的和功能设置，令受访对象对访谈的主题有一定的认识和理解，然后按照访谈大纲的内容对受访对象进行访谈调查，并如实地记录了与受访对象的交流内容。每位访谈对象的受访时间为 30~45 分钟。通过整理，将访谈资料中具有代表性的部分整体如表 6-1 所示。

表 6-1　访谈内容整理

访谈对象	内容
孙先生	首先，在未来发展的最终阶段，在信息完全透明化的时候，保险公估业可能和银行业一样最终会消失，如果说共享公估人模式是作为我国保险公估业发展中的其中一个阶段在理论上是可行的，也是比较美好的一个想法。从实际上来讲，我国保险公估业中，进行公估业务需要公估牌照，执业上是双向准入，那么如果建立这个平台，其中的一些风险是由谁来承担？谁来为公估师进行担保？其次，对于整个平台，公估师的信用度问题，评价系统是怎样？还有要怎样去控制一个范围的问题。再有就是要考虑市场氛围，市场环境是怎么样的，我国的人口基数较大，其中有一部分人是没有购买保险能力的，更不用说对保险公估的需求了，而在具有购买保险能力的人中，有相当一部分的人并不知晓保险公估这一行业，也不具有保险公估的意识。为保险消费者提供公估服务的功能很好，但是仍需考虑市场的实际情况。

续表

访谈对象	内容
鲁先生	从整个的构想上来说，这个平台还是很不错的。能感受到这个平台是有为公估师考虑的。有几个参考意见，第一，可信度问题，包括公估师的可信度和公估报告的权威性。第二，在这个保险业务处理上，面对的主体要考虑一下，是面对保险公估公司、保险公司还是消费者。第三，个人认为，对保险消费者提供的服务可以以保险咨询类为主，在现有情况下，保险消费者没有足够的保险公估意识，发生保险事故后，第一时间是向保险公司报案，直接由保险公司理赔、解决案件。第四，平台的持久性可能不强。随着平台的发展，保险公司或保险消费者和公估师建立的联系越来越多，可能会发生保险公司或保险消费者在需要公估服务时会与公估师直接联系，将平台这个中间媒介省略，因为对于保险公司来说是随着接触增加，会对这个公估师有所评价，在选择公估师时会选择自己信赖的公估师，不会贸然地去更换为自己服务的公估师。因此带来的影响就是平台的作用会越来越小，导致平台的持久性不强。
王先生	这个平台的构想其实业内也是有过这个想法。但是这个平台建立后，对业务的监管、业务质量把控的监管风险是一个很大的问题。如果以平台来与大企业对接时会具有一定的难度，中间涉及公信度的问题，最好还是以银保监会这样具有足够公信度的国家层面机构进行这个模式。从法律上来讲，公估报告不具有法律效力，而且大企业也很难去允许以公估师个人的名义去进行公估业务。再有就是对这个模式的把控，保险公估业的行业内其实是参差不齐的，而公估业务对个人素质的要求也很高，如何把控品质也是一个很重要的问题。整合专业人士资源这个功能可行性很强，也确实是现在正需要的，有效地整合专业人士和公估师资源可以更好地完成公估业务。还有就是结算费用的时效性。对于保险公司而言，费用结算可能不是一个大问题，但对于保险消费者而言，保险公估是出于公平公正的目的，有时未必会令保险消费者得到满意的结果，那这种情况下，费用结算的时效上可能会成为一个需要令人重视的问题。

续表

访谈对象	内容
赵先生	其实现在保险公估的市场存在一定的市场畸形，市场中的人才流动性大，但人才断档问题严重。入门公估师的工资低，低工资很难留住人才，而高级公估师又极易被保险公司聘走。对于平台帮助公估师获取案件，公估师还是很有意愿去得到更多案件来源的。因为现在保险公司主要通过口碑来判断公估师的能力，且存在唯一性强的情况。但实务上来说平台还是存在几个弊端。第一，现在的保险公估业中对经办公估案件是需要有入围资质的，保险公估师进行公估业务是在公司的前提下，即公估公司与保险公司签订协议，保险公司才同意该公司的公估师完成公估业务。第二，就目前的情况而言，保险公司是风险可控的。保险公估的现状是相当于保险公司将保险公估业务外包给保险公估公司，这其实也是现在的一个行业弊端。当前模式是由公估公司来制约公估师，对于其中的风险是有一定可控性的，平台建立后应该如何控制风险。再有一个行业的大环境是存在一个恶性循环，即保险公司控制公估费用，公估费用低导致公估师工作积极性不高、工作质量一般，工作质量一般又会令保险公司降低公估费用，形成这么一个恶性循环。第三，实时结算的问题。保险公估费用结算后需要开具发票，发票是以个人的名义、以平台的名义还是以谁的名义。如果费用经由平台结算，那么还涉及费用流转的问题。第四，整合专业人士和公估师资源这个想法很好，也很实际，但是涉及要何种机制来引进这些专业人士入驻平台。
于先生	这个想法是好的，但是实施起来感觉有些困难。因为现在老百姓其实本身就不了解公估更别说认不认可公估。再有，公估报告本身也不具有法律效力。我认为还是应该先有一定的法律基础，再有就是公估意识的普及率上来了才能说推广这样的制度。
卓先生	其实你说的这个平台我之前是有过这个想法的，但是这个实施起来的话是十分困难的，在这样一个平台上面要做到统一公估服务标准，标准化流程是很难的，每个险种的报告格式和内容都不一样，每个公估师或公估团队的作业习惯也不一样。这个平台如果将来是要推行到全国的话，如何做到全国标准化服务是一个很重要的事情。保险公估行业现在主要的风险就是技术风险和道德风险。水平不够导致保险公司多赔付，这就算技术风险；故意行为就会导致道德风险，道德风险这部分将来可以跟征信挂钩的话应该可以解决一部分问题。为保险消费者提供公估服务这一方面可以和保险经纪公司协同进行。

续表

访谈对象	内容
王先生	我现在资历尚浅，个人感受其实并不是很多，我认为公估人实际上是被保险人和保险人之间的沟通桥梁，站在客观的角度和事实依据基础上为双方利益找平衡点，化解双方的矛盾。这个共享公估人制度和共享公估人平台听着还挺好的，功能都是为公估师的需求设计的，推广起来之后应该可以解决一部分公估行业现在的问题。这个制度还有平台在运行上的技术风险比较大，毕竟公估师的水平参差不齐，业务完成的质量也不一样，这些都很难说的。
田先生	保险公估行业这个现状实际上是存在一个相互制约的关系，在公估公司里，我们各个市场部之间都是互通的，所以资源这方面是一种个人关系的整合。跟这个共享公估人类似的想法我之前也是考虑过。这个制度要推行起来首先是要有律法基础的，有政府发布的法规文件之后，制度的推行是更简单的。对于我们现在讨论的这个平台，最大的问题就是执业资格没有官方的认证、认可的问题无法解决。根据现在监管机构的监管规定还有这个执业资格的问题，在平台上由保险公司来向个人或某一公估师团队发布委托是不现实的，再一个就是追责问题，假设有两个人合作完成了案件，当案件的公估结果出现问题时应该去怎样追责。在委托案件这一点上我有个想法，可以是保险公司向公估公司委托，再由公估公司向当地的公估师或者公估团队进行委托，做到一案一委托。
雷先生	从这个平台的功能来说，我还是比较认可的，但是平台的整体而言运行起来还是有一定的难度和问题。主导承办这一块我认为可以由一家公估公司先在其内部推广应用这个制度和这类平台，在内部推广应用后，再逐渐扩大平台的运行范围。当然，这个制度想要往外扩展延伸，最主要的还是要符合相应的监管制度，在有相对完备的法律环境中才更利于这个制度和平台的推广与发展。你提到的收入实时结算、提高业务效率、节约成本这些确实是平台的一个优势，从公估师的角度来说，我希望这个平台可以建立良好的沟通、提供专业高效的服务后勤，还有就是可以有较好的品牌形象。

访谈对象	内容
付女士	我觉得共享公估人制度的建立与推广的前提是要有一定的法律基础，共享公估人平台的运行中，人们注重的更多是平台的功能性。基于我国保险公估业的现状来说，我认为由保险公司来主导这个平台可能会更合适一些。这个平台对公估师来说还是能提高一定的业务效率，节约一些时间成本，但是这个平台在运行中最大的风险还是法律风险，因为现在保险公估的法律法规还不是很完善，许多内容并没有一个明确的定义来区分或者划清界限。从我的角度来说，还是希望在这个制度下可以扩充业务来源，增加客户黏性。
杨先生	对于这个平台我比较关注的是操作流程这一方面，其他的功能还有整个平台我觉得还是不错的。操作流程这一块涉及保险公估业务的合规性，也是保险公估业务中很重要的一个部分，而且规范操作、办案流程标准化也有利于平台的统一管理。主导方这部分我认为是由保险公司来做更合适。
王先生	我觉得就共享公估人这个平台由一家公估公司主导发起更合适。这个平台在运行中最大的风险应该是道德风险，因为这个平台的主体是人，又牵涉到多方的利益关系，这对公估师其实是一个考验，如何平衡关系，如何公正地对待案件都是公估师需要做到的事情。为公估师获取案件的功能、收入实时结算和提高业务效率都是从公估师的角度出发的，那公估师对这个平台的认可度会更高。
刘先生	我觉得你这个平台如果按现在这个情况要实施起来的话，可行度可能只有50%。主要是这么几个问题，首先，保险人委托这个业务的前提是你这个公估公司要在人家那个保险公司有备案有合作协议，这就把独立公估师的概念给卡住了，更别提实施了，从这点来说，这个平台保险人首先很难认可。其次，现在的保险公司都是有长期合作对象的，在这个前提下，一般是不会轻易更换的。再说这个平台的功能，我觉得专家资源整合这个还是很合适的，许多案件对专业人士的专业知识也是很需要的。在这个平台设计一个专家机制，遇到专业案件可以去向专家咨询还是很方便。风险这方面我认为最大的风险就是监管的风险。

续表

访谈对象	内容
李先生	就我个人而言，对这个平台我更关注平台的功能性，功能合理、齐全的平台更容易让人认可并使用它。主导方我认为由保险公司来做更好是基于我国保险公估业的现状。那这个平台在运行的时候我觉得资金风险更大一些，如果出现委托方对公估报告的结果不满意，可能会出现拖欠费用的情况，出现资金风险，容易造成一个恶性循环，对于你这个平台来说就很不利。从公估师的角度来说我希望这个平台上可以提高这个案件性质和公估师擅长险种的匹配度。
王先生	我认为共享公估人这个平台，从公估师的角度来说，平台的功能性、监管和相关政策都是需要关注也是比较重要的点，这个制度和平台最终能否运行还是需要一定的法律支持。法律法规不健全的话，那么这个共享公估人制度的建立和推广以及这个平台的建立与运行中将会出现很严重的法律风险。主导方的话我觉得可以是由行业协会发起，也可以是由一家公估公司来做。提高业务效率和节约时间成本这两点我觉得是这个平台可以给公估师提供的最实际的便利。作为公估师的话还是希望可以通过这个平台更好地发挥自己的专业技术和公估技能，获取更多的收入来源。

（二）访谈资料分析

1. 共享平台功能认可度

通过向受访对象提出以下问题，收集到了参与本次访谈人员对共享公估人制度的认可度以及影响因素的看法，通过对访谈资料的整理，将主要的信息汇总如下。

表 6-2　共享平台功能认可度

序号	非常认可	比较认可	一般	比较不认可	非常不认可
1		√			
2		√			

续表

序号	非常认可	比较认可	一般	比较不认可	非常不认可
3	√				
4		√			
5		√			
6	√				
7	√				
8		√			
9			√		
10	√				
11	√				
12	√				
13			√		
14	√				
15	√				

表6-3　影响对共享公估人模式认可的因素

序号	平台功能	操作流程	合规监管	相关政策	潜在风险	满足公估师需求
1				√	√	
2	√					√
3	√		√			
4			√		√	
5			√			√
6		√		√	√	
7			√	√		
8	√		√	√	√	√
9	√	√	√	√	√	√
10	√					

续表

序号	平台功能	操作流程	合规监管	相关政策	潜在风险	满足公估师需求
11		√				
12	√		√			√
13	√		√	√		
14	√					
15	√		√	√		√

表 6-4　主导方对共享公估人模式推广的影响

序号	一家公估公司	保险公司	行业协会	不超过 3 家公估公司联合发起
1			√	
2			√	
3			√	
4			√	
5	√			
6			√	
7			√	
8		√		
9	√			
10		√		
11		√		
12	√			
13	√			
14		√		
15	√		√	

表 6-5　共享公估人模式在运行时可能的风险

序号	资金风险	法律风险	技术风险	道德风险
1	√			√
2		√		√
3		√		√
4		√	√	√
5			√	√
6			√	√
7		√		√
8			√	
9		√		√
10		√		
11	√			
12				√
13		√		√
14	√			
15		√		

表 6-6　共享公估人平台的优势

序号	收入实时结算	提高业务效率	节约成本	其他
1	√	√	√	
2				关注公估师需求
3		√		
4		√		关注公估师需求
5	√		√	
6		√	√	
7	√		√	
8	√	√	√	
9	√	√	√	

序号	收入实时结算	提高业务效率	节约成本	其他
10		√		
11			√	
12	√	√		
13		√	√	
14			√	
15		√	√	

通过表中的数据可以看出：

第一，接受访谈的公估师对于共享公估人制度以及共享公估人平台的想法还是给予了一定的认可。在访谈的过程中，笔者向受访对象详细介绍了共享公估人制度和共享公估人平台的关系以及运行目标。从理论上来说，公估师还是比较认可这种制度的，但是就国内目前整个保险行业的现状来说，并不看好这个制度的运行。

第二，就影响对共享公估人制度认可度因素的数据，主要分为两个方面的因素。首先是平台本身的因素。平台本身的因素中平台功能、合规监管和平台满足公估师需求是影响公估师对于该平台认可度的主要因素。对于公估师来说，如果这个制度是为了解决公估师切身利益问题而建立的，那么公估师对于这个制度会更加认可和支持。外部因素中主要是相关政策和共享公估人平台的发起者。完善保险公估的相关政策以及由行业协会来促进共享公估人平台的运行会提高公估师对于共享公估人制度的认可。在介绍的共享平台的四个功能中，根据当前的业内状况和市场情况，为特大案件整合资源这一功能是比较贴合实际也是目前行业最需要的功能；实现公估师获取案件功能是比较符合公估师需求的功能，在以公估师为主导的共享公估人模式中是很重要的一个功能，也可以很好地吸引公估师入驻共享公估人平台，促进共享公估人模式的发展。为保险消费者提供公估服务和为保险公司匹配公估师可能会引发共享平台发展过程中的问题。

第三，现有的行业模式属于公对公模式，公估师由公估公司为其担保，以共享平台作为中间服务商，公估师个人本身的不可控性增加，因此对共享平台的监管要求也会比较高。随着保险公司和公估师之间业务量和沟通的增加，基于唯一性，保险公司通常会在出现案件时优先考虑熟悉的公估师来进行公估业务，长此以往并不利于共享平台的发展。将保险消费者加入保险公估业务面向的群体中，虽然可以增加案件来源，但由于保险消费者这部分的社会委托量小，市场份额也相对较小。而且保险消费者在出现保险事故时很少具有公估意识，通常是直接向保险公司报案，获得理赔。因此，对于为保险消费者提供公估服务的详细内容还有待商榷。

2. 共享公估人模式优势

通过与受访对象的访谈交流和调查问卷的结果，可以得出共享公估人模式在我国推广对行业具有很大的好处这一结论。

首先，共享公估人模式这一概念的提出是为了解决我国保险公估业现有的一些问题和公估师的需求，促进我国保险公估业更好发展。通过对公估师需求的调研，总结出公估师的需求主要是希望专业人士协同支持、拥有充足的案件资源，增加公估师的收入、提高业务效率和结案时效、实时结算费用。而共享公估人平台的功能正是迎合了公估师，满足了公估师的需求。其次，共享公估人模式的建立实际上是推翻了现有模式，共享公估人模式强调的公估人更偏向于独立公估人，而非现在的传统公估人。最后，共享公估人模式可以使公估师的工作更加灵活，同时整合了专业人士资源，令公估师可以和专业人士协同配合，既打破公估师的专业限制，又可以使公估报告更加准确，增强公估报告的可信度。

（三）共享公估人模式在运行中存在的问题

1. 道德风险问题

信用是共享平台建立和持续发展的必要因素。当共享平台失去了其应有的信用，那么这个平台也就失去了其发展的意义。共享公估人模式下涉及的道德风险，首先是来自公估师的信用。所谓共享公估人模式，是以独立公估人的身份，通过共享平台这一中间服务商，为需要进行保险公估业务的人提供公估服务，这就需要公估师有良好的信用，公估业务是作为第三方，从公平公正的角度，对保险标的进行估值，尽量调节保险人和被保险人之间因损失理赔导致的矛盾。公估师在进行公估业务时如果做不到公平公正，那么保险公估业务的委托人会认为该名公估师不具有从事保险公估业应有的信用。在我国保险公估业的现有模式下，公估师从属于保险公估公司，由保险公估公司与保险公司之间签订合同，承接保险公估业务，再派公估师去进行公估服务。在传统模式下，公估师的信用可以说是由保险公估公司为其担保，而在共享公估人模式下，对独立公估人而言，公估师的信用就显得尤为重要。公估师若想从共享平台上获取足够的案件数量，则需要保证其良好的信用，无论是传统公估人模式，还是共享公估人模式，判断一个公估师的业务能力主要是根据其业内口碑和信用度。其次是公估报告的可信度。公估报告是公估师在进行保险公估业务后向保险公估业务委托人出具的第三方书面证明报告。在传统公估人模式中，公估师出具的公估报告由保险公估公司交给保险公司，实际上是保险公司对保险公估公司的一种信任。但在共享公估人模式中，公估师出具的报告是直接交给保险公司，保险公司对此可能会抱着存疑的心态去看待公估报告。因此，共享公估人模式下，独立公估人出具的公估报告应当由谁来担保是一个重要的问题。

2. 法律风险问题

法律风险中主要是监管风险。在整个保险公估业务的处理过程中，业务合规是根本要求，要符合中国银行保险监督管理委员会的监管要求。对共享平台而言，合法合规是共享平台存在的基础。共享公估人模式作为保险公估行业的新运营模式，在监管方面面临很大的问题。监管水平过于落后或监管无效性都会给共享公估人模式带来巨大的风险。随着未来共享公估人模式的逐渐发展，相关的政策法规也会越来越完善，这些变化对未来保险公估行业的影响也是一种未知的风险。

3. 技术风险问题

技术风险总共分为两个部分，一方面，共享平台的运作需要信息技术支持，参与主体注册时需要提供其相关信息，信息安全就是极为重要的问题，如何存储、处理、保护这些信息被合理使用且不被盗用是共享平台在构建前需要解决的问题。另一方面就是公估师的技术问题。现在的公估行业对于行业准入没有一个较为严格的标准，许多公估师仅有由公估公司发放的执业资格证，但其本身的公估知识并不是很充足。因此，在保险公估行业中，技术风险也是比较严重的风险之一。

4. 主导方的选择问题

共享公估人模式目前并没有明确主导方，由哪方来促进共享公估人制度的发展和运行是影响对共享公估人模式认可度的重要因素之一。共享公估人制度本身是颠覆了我国现有的保险公估人制度，在此条件下，进行保险公估人制度的变革会影响到整个公估行业以及保险行业，其中最直接的问题就是会涉及多家公司的利益关系，因此如何选择共享公估人制度的发起方是在建立共享公估人制度时需要慎重考虑的问题。

第三节　完善共享公估人模式的建议

一、针对道德风险的改进建议

针对共享公估人制度下可能带来的道德风险，共享平台可建立信用评价体系，和征信信息挂钩。进行公估服务的供求双方可以在共享平台上对公估过程中双方的服务质量和态度进行有效的效果评价。评价也将对后续共享平台的交易者提供参考。信用评价体系中会制定评分标准，对于评价良好、信用评分高的公估师在匹配筛选时具有优先选择权与优先被选择权，而对于评价过差、信用评分过低的公估师，共享平台对其进行惩罚措施，包括但不限于暂停为其提供公估案件，该类公估师在规定时间内需完成相应事项，挽回自己的信用，如若同一公估师重复进入信用过低名单，共享平台可禁止其使用共享平台，确保共享平台上所有公估师的信用与口碑不受其影响。

二、针对法律风险的改进建议

促进共享公估人模式相关法律法规的推出，为共享公估人模式的发展提供有利的法律环境。完善共享公估人模式的相关法律法规，有利于吸引更多的保险公司和保险公估师入驻平台。传统公估人模式下，保险公司更多的是承认保险公估公司，对公估师的承认是需要在公估师名字前加上所属的公估公司，实际上是公估公司为其下属的公估师向保险公司担保。在入围资质方面仅针对公估公司而非公估师个人。因此共享公估人模式的共享平台目前并不能对公估师的从业资格进行担保，促进制度的完善也是更有利于共享公估人模式的发展。

三、针对技术风险的改进建议

综合利用信息技术手段，公估人行业准入严格化。共享公估人平台中包括大数据等信息技术，涉及入驻平台人员的大量信息，因此，信息安全是共享公估人平台作为共享平台需要关注的基本问题。在存储、处理、保护这些信息被合理使用且不被盗用这方面要利用多种信息技术手段，尽可能地保证信息安全。对公估师的入驻资质要进行严格的审查，最优选择是可以有通过行业协会组织的官方资格认证考试的资格证书，将官方的资格证书作为入驻资格的基本凭证。还有要将其征信等信息进行综合审查，设立一套完善的资格认证体系，以此来尽可能地规避由公估师带来的技术风险问题。

四、针对主导方选择的建议

共享公估人模式的概念可以说是拓宽了我国现有的传统公估人模式的概念，共享公估人制度的建立和发展，对我国现有的保险公估业也会是巨大的冲击。首当其冲的就是许多公司之间的利益问题。在这个前提下，受访对象中的普遍意见是由行业协会来作为共享公估人模式的主导方。首先，行业协会是介于政府、企业之间，为其服务、咨询、沟通、监督、公证、自律、协调的社会中介组织，行业协会是沟通渠道和信息的汇聚地，具有大量的信息，有助于共享公估人平台的推广和信息交互。其次，行业协会是非政府机构也是非营利性机构，因其中间地位，出具相关的资质证书也更容易得到认可，方便进行平台对于入驻资质的统一审查。因此选择行业协会作为共享公估人平台的主导方更易获得保险公估业务参与方的认可。

总之，我国行业中去中介化这一概念的提出，意味着传统公估人模式其实并不满足保险公估行业的发展需要，因此对于公估人新模式——共享公估人模式是值得去重视和探索研究的。经过笔者对保险公估业内人士的访谈研究发现，首先，共享公估人模式在我国促进保险公估业发展是可行的。但是共享公估人模式在我国发展的首要前提和基础是要具有相对完备的法律法规，有了完备的法律法规约束和监管才能推行共享公估人模式。其次，共享公估人模式与传统公估人模式大不相同，在共享公估人模式下，如何提高独立公估人的认可度、如何判定独立公估人的执业资格和相关的所属关系都是十分重要的问题。共享公估人模式中，它的主体是人，人的不确定性很高，那么如何控制人的不确定性，将其带来的风险降到最低也是未来这一模式需要关注的重点。

第七章　发展和完善我国保险公估人制度的建议

第一节　保险公估人的法律责任构成

一、保险公估人民事法律责任的界定

保险公估人的法律责任分为行政责任、刑事责任以及民事责任，在民事责任中主要是专家责任，是指保险公估人即所指的专家，在公估过程中因其过失或故意行为造成委托人或第三人损失所要承担的民事法律后果。专家责任在我国并没有确定性的规定，主要在对专业机构和专业人员的监管规定当中出现。

保险公估人的民事法律责任是指保险公估人因其主观原因实施违法行为对公估委托方或第三人造成损害需要承担民事法律责任的具体情形。本书通过梳理法定与约定的保险公估人民事责任，总结了以下几种情形：

（一）违约公估的民事法律责任

违约公估的民事法律责任就是指在公估过程中，超越了保险公估委托责任范围而引起的法律后果所造成的民事法律责

任。委托人与保险公估人签订保险公估委托合同，并授权保险公估人在一定范围内进行公估。

在保险公估过程中，如果保险公估人的公估行为超出了委托人的委托范围，那么保险公估人的公估结果是不具有法律效力的，如果公估人的公估行为对当事人造成损失，那么损失部分应由公估人依法赔偿。保险公估具有时效性，当保险公估人接到委托时，应迅速按规定的时间对保险标的进行查勘定损，因为拖延时间会导致保险标的发生变化，从而影响公估人的判断，由此造成的损失也应由保险公估人承担。除此之外，保险公估报告具有对外证明作用，保险公估人进行现场查勘之后应当及时出具保险公估报告，否则可能会使保险当事人错过权利救济的有效期限。

（二）违规公估的民事法律责任

保险当事人违规任命无资质公估从业人员进行保险公估工作负有民事法律责任。保险公估机构中通过执业登记、并获取执业证书的人员被称为保险公估从业人员。《资产评估法》出台之后，保险公估机构应当具备一定数量的公估师，公估师是通过公估师执业资格考试并获得公估师执业资格的保险公估从业人员。保险当事人聘请保险公估人对损害标的进行公估，是基于其对公估师的专业能力以及职业道德的信赖，如果保险公估机构委派没有法定资质的人员对特定的保险事故或保险标的进行公估，则其出具的公估报告不具有法律效力，对此造成的损失，保险公估人应当向委托人承担民事法律责任。

超过保险公估经营范围进行评估的民事法律责任。保险公估人的职能及其经营范围直接由法律进行规定，根据《中国保险公估人监督规定》，主要包括承保公估、理赔公估、残值处理、风险管理咨询以及风险评估等。保险公估人的业务范围不能超过法律规定的范围，如果超越法定的经营范围从事了其他业务，由此造成的损失，应当向委托人或第三人负责。

（三）未尽职公估的民事法律责任

未尽职公估民事法律责任指的是因未尽职责出现的评估问题所造成的民事法律责任。在保险公估中，保险公估从业人员不仅需要高水平的专业性，而且还需要非常高的职业道德素养，根据保监会于 2005 年发布的《保险公估从业人员执业行为守则》和《保险公估从业人员执业道德指引》的规定，保险公估人执业时秉持严谨认真的工作态度，避免不必要的失误；在处理与委托人的关系时，应当一视同仁、遵守职业道德，不得以公估费率的高低影响工作质量；对于保险公估机构应当尽职尽责、忠诚职守，不得损害保险公估机构的利益和声誉。如果因未尽其义务出现了勘误，应当向委托人或第二人承担民事法律责任。保险公估机构需出具专业的保险公估报告，这就需要保险公估人员依据其专业知识，第一时间到达现场对发生事故的保险标的进行查勘定损，根据保险标的的损害结果追寻保险事故发生的原因。根据不同保险价值的衡量标准对保险标的的损害进行估值。如果保险公估机构中的从业人员由于缺少专业的知识和技能以及查勘定损的经验从而影响了评估报告的准确性或造成争议，保险公估人应当对其失职行为承担责任。

（四） 主观过错致损的民事法律责任

由公估人主观过错致损的民事责任是指公估人泄露委托人商业秘密和技术秘密的民事法律责任。在保险公估的过程中会涉及委托人的商业秘密或者技术秘密，因保险公估人的不当行为所造成商业秘密或技术秘密的泄露，造成损失的，保险公估人需要承担民事责任。保险公估人是处于中立地位的专业性的保险中介机构，虽然在保险公估过程中公估人是受保险当事人一方委托，但并不能按照委托人的意愿作出保险公估结论。保险公估从业人员只对保险公估机构负责，对事实负责，不偏袒任何一方。因恶意与一方当事人或第三人串通造成保险公估不公的行为，保险公估人要对其所造成的损失向委托人或第三人承担责任。

二、保险公估人民事法律责任的承担

（一） 保险公估人民事法律责任的承担主体

当保险公估人承担民事法律责任时，责任承担的主体一般是保险公估机构，原因有二：一是因为保险公估的委托合同是以保险公估机构的名义与委托方签订的，保险公估机构有责任对合同上要求的公估内容进行监督管理；二是因为保险公估结束后公估人出具的公估报告是由公估机构盖章成立的，如果保险公估机构不盖章那么公估报告不具有法律效力。因此保险公估机构要承担保险人的民事法律责任。而《资产评估法》的出台对于保险公估从业人员的民事责任有了进一步的规定。第一，《资产评估法》规定当资产评估机构对外承担民事责任后，可以向对损害有重大过失或故意行为的保险公估从业人员追偿；第二，评估报告除了需要评估机构盖章之外，还需要经办此次评估的两名以上的评估专业人员签字才能发生法律效力。因此，保险公估人对外承担民事责任的主体是保险公估机构本身，但在保险公估从业人员执业过程有重大过失和故意的情况下，保险公估机构可以据此向从业人员追偿。

（二）保险公估人民事法律责任的承担方式

保险公估工作是非常专业化的工作，在整个公估过程中有很多触犯民事法律的风险，保险公估机构无法直接承担这样的民事责任，需要通过多元化的民事法律责任承担方式来化解职业风险。除了直接承担的方式外其他的承担方式有：

1. 职业风险基金

职业风险基金是指保险公估人定期将业务收入额的一定比例缴纳给有关机关，这笔定期的现金流形成的基金专门用于支付保险公估人因职业责任引起的民事赔偿。早在 2009 年财政部就针对资产评估机构印发了《资产评估机构职业风险基金管理办法》，该规定要求资产评估机构应当以当年度的业务收入的 5% 中提取管理费存入职业风险基金专用账户。如果职业风险基金账户中的金额低于法定要求，保险公估机构应该按照规定的金额补齐缺口。公估人职业风险基金是专项专用的基金，该项基金只能用来处理因职业责任引起的民事赔偿和与该民事赔偿相关的诉讼费、律师费的费用，不能挪为他用。

《资产评估机构职业风险基金管理办法》中对资产评估机构建立职业风险基金的规定是强制的，但是《资产评估法》

中对于职业风险基金的规定是自愿的。由于《资产评估法》针对的是不同领域的评估机构，因此，在法律层面没有作出强制规定，为不同领域的评估机构的主管机关留出了一定的自主空间。

保险公估机构对于职业风险基金缴纳的问题，从保监会出台的《中国保监会关于做好保险公估机构业务备案及监管工作的通知》看，其也是依据保险公估机构自身经营的需要自愿缴纳，每年缴纳业务收入的 5%，直至缴纳至 100 万元人民币，专用账户中已满 100 万元的可以不再缴纳。本书认为当保险公估机构面临较高的职业责任风险时，应当加强对保险公估行业的风险管理，应当由自愿缴纳转变为强制缴纳，可以给予保险公估机构一定额度的放宽。

2. 职业责任保险

在《中国保监会关于做好保险公估机构业务备案及监管工作的通知》中也规定了保险公估机构可以自愿投保保险公估人职业责任保险。职业责任保险相较于职业风险基金更具有灵活性，职业风险基金账户中的基金，只有在发生风险的时候才可以使用，这必然会导致这部分资金缺少流动性，不能合理地使用。保险公估人可以依据自身的需要进行投保和选择不同赔偿限额、不同类型的职业责任保险。虽然保险公估机构可以自愿进行投保，但是在《中国保监会关于做好保险公估机构业务备案及监管工作的通知》中却强制规定了期限和赔偿限额。这之间产生了逻辑上的矛盾，本书建议应以自愿为主，从而促进保险公估机构投保的积极性。通过投保职业责任保险，这样可以更好地将风险转嫁给保险公司，从而减少了一定程度的风险。

3. 约定赔偿限额

保险公估人可以在与委托人订立保险公估委托合同时进行风险管理，通过与委托人约定理赔额从而把未来的风险控制到一定范围内，委托人也能够在事先明确一旦发生违约行为自己可能获得的赔偿数额从而决定其是否要委托该公估人。约定赔偿限额是我国保险公估委托中控制民事责任风险所采用的主要方式。

保险公估人不能改变保险合同内保险公司与被保险人就有关赔偿问题达成的协议，否则保险公估人需要赔偿对违反合同规定而造成的损失；保险公估人在定损时若定损结果出现过高或过低时，公估人需要就公估结果与实际不符合的部分进行赔偿；如果公估人在展业过程中涉嫌欺诈，对于情节严重造成严重后果的要承担刑事责任。

4. 公估人的法律责任

在我国最新版《保险法》中并未对保险公估人的法律责任作出要求，但是在《保险公估人管理规定》中对保险公估人的法律责任作出了明确的规定，其中第四条规定："因保险公估人的过失行为，给保险人或被保险人造成损失的，由保险公估人依法承担民事赔偿责任。"第五十一条至第五十五条规定了对保险公估人的行政处罚种类，以及保险公估人违反具体义务时应承担的行政责任。

第二节　完善保险公估人的监管体系

一、明确保险公估人的监管原则

在完善保险公估人的监管体系之前，首先要明确保险公估人的监管原则。保险市场中的各个角色承担着不同职能，每个角色都发挥着不同的作用。在这个动态的市场中，保险中介发挥着桥梁的作用，联系着保险公司和被保险人。但是目前保险中介市场缺少一定的管理，也没有明确的监管规定。我国保险公估业监管体系没有形成，只有保险监督管理委员会实行政府监管职能对保险公估人进行监督。国内现实中没有保险公估业协会，只有保险中介行业协会。随着保险行业的发展，保险中介行业协会对保险公估人并不能做到面面俱到的监管。

（一）适度监管与全面监管相结合原则

适度监管是指政府不能全面控制保险公估行业的经营与发展，留有一定的空间会促进它们的发展。如果采取全面监管原则，必然会影响保险公估人在市场中作出判断的灵活性。在国际保险行业公估市场中，虽然他们的监管原则各不相同，但都有从严格监管向宽松监管转变的趋势，由此可见，适度监管原则尤为重要。

（二）风险防范与促进保险业发展相结合原则

保险公估人是作为保险中介存在于保险市场，其最终的目的是保险公估人通过保险标的和保险查勘定损的专业能力完成评估鉴定，进而出具客观公正的公估报告。因此政府对保险公估人进行监管要始终以促进本国保险业健康发展作为目标，因而我们需要明确应当采用何种保险公估人的市场准入门槛标准以及如何对保险公估专业人员的胜任能力进行评价。本书认为，可以对保险公估从业人员进行专业的分级评价，从而使保险公估专业人员更加专业化。

（三）专业性和独立性相结合原则

保险公估人的发展有赖于其专业性的提高和独立地位的保障，保险公估人监管的目标和手段都应该是以提升其专业性和独立地位保障为导向。因此保险公估人监管制度应当多侧重于机构人员方面的监管，对于经营活动的监管也要以提高专业性和独立性为价值取向。

二、保险公估人的监管内容

（一）保险公估人的主体监管

保险公估人的主体监管包括保险公估人的机构监管和人员监管。对于机构监管应当包括保险公估机构的市场准入监管和市场退出监管。保险公估人的职能要求其具有较高的专业水平和独立性，政府也应当通过法律规制对保险公估人的独立地位予以保障。

目前，我国保险公估行业的发展滞后，首先，可以适当放低市场准入审批限制来吸引社会资本或民间力量的进入，鼓励更多社会力量参与到保险公估行业中来。但是放低市场准入限制并不意味着零门槛的市场准入，监管机关仍然可以对保险公估人的设立设置一定的资质条件。其次，保险监管机关可以通过加强事中事后监管，制定保险公估人的经营规范和市场退出制度来规范保险公估人。最后，保险公估机构市场准入实行备案制是符合政策导向和市场发展的。

保险公估人的市场退出机制应当包括三部分内容。一是保险公估人的主动退出机制，也就是保险公估人通过合并、分立或公司章程规定的其他事由解散，保险公估人的主动退出需要经历一定的解散程序，银保监会应当发布解散公告、对其成立清算组进行清算等。二是保险公估人的被动退出机制，银保监会有权对经营管理混乱以及有重大违规行为的保险公估人采取停业或撤销的措施。主要情形包括保险公估人已经不具有公估活动的专业能力、保险公估人的经营不善造成严重亏损以至破产、保险公估人有重大的违法违纪行为等。三是保险公估人的年报制度，银保监会在要求保险公估机构被动退出市场之前应当对保险公估人的经营状况有所了解。采用保险公估人年报制度，通过保险公估人向银保监会报送与经营有关的资料，由银保监会审查其是否有经营异常行为，如果出现经营异常行为，银保监会有权要求保险公估人进行整改，情况严重或通过限期整改仍未改善的应当采取停业或撤销措施强制其退出保险公估市场。

目前由中国银行保险监督管理委员会来对保险公估行业进行监管。但在我国政府监管实践中，其立法监管远远落后于市场对立法的需求。法律条文以及各项规定也不是很明确。一是建议将保险公估人制度纳入《保险法》。虽然《保险法》没有针对保险公估人内容的立法条文，但是为了加快对保险公估人的立法，给《保险公估管理机构规定》提供立法的依据，建议将保险公估人的概念纳入保险法中，以确定其法律地位，将责任制度、经营规则等写入保险法条例中，从而更加明确保险公估人作为保险中介的地位。二是建议将保险公估从业人员分级评定。保险公估员是保险公估人的主要力量，这些人承担了大部分的保险公估工作，但是由于他们个人水平的限制，只能从事简单的公估活动实务，并不能单独承揽保险公估业务。保险公估师是保险公估人的中坚力量，其水平可以独立承担相应的公估业务，一般情况下，公估业务中必须有保险公估师的参与；高级公估师在拥有公估师的全部业务的基础上，还可以从事市场开发的业务，因其专业水平更高，有独立资格为委托方出俱《保险公估报告》。有权签发《保险公估报告》是高级公估师的标志。划定确切的从业人员分类标准，有利于约定报酬的划分标准和个人承担责任的认定，也促进了保险公估从业人员发展的专业化。

（二）保险公估人的经营监管

对保险公估人的经营监管，是指对保险公估人设立之后在存续期间内的经营活动进行监管。保险公估人在经营活动中分为内部的经营管理活动和外部的经营活动。内部经营是指保险公估人的内部组织治理，监管制度可以对保险公司内部管理以及质量控制制度等与社会公众利益相关的部分进行监管。外部经营是指保险公估人公估业务活动，由于公估活动涉及保险当事人的权益，外部经营活动直接影响公估质量，因此外部经营活动的监管是保险公估人监管制度的核心部分。

（三）保险公估人的责任监管

对保险公估人的责任监管，是指当保险公估人作出违反保险公估人监管规定的行为，由保险公估主管机关作出处罚的情形。这里的责任是指除了保险公估人民事法律责任之外的行政责任，如果保险公估人的违法行为造成了严重的后果，可以依据《刑法》追究其刑事责任。

第三节　加强保险公估人行业自律规范

一、构建保险公估人行业自律组织准入制度

目前我国保险公估市场上专业性的保险公估行业自律机构还存在缺口，这种缺口会影响对保险公估行业的监管和发展，因此当下我国可以适当地增设一些保险公估自律机构。保险公估人的行业自律组织应当由银保监会监管，市场准入制度也应当实行行政许可制度。许可制度也应当和保险公估人市场准入一样适用备案制。《资产评估法》专章规定了行业管理的内容，对所有评估机构行业协会的市场准入进行了规定，要求实行备案管理。另外，行业协会应当分为全国性的行业协会和地方性的行业协会，由中国银保监会进行监管。保险公估行业协会应当以保险公估人组成的会员大会作为行业协会的决策机关，通过会员大会制定行业协会的章程，并向银保监会报送并备案。

保险公估师制度是《中国保监会关于做好保险公估机构业务备案及监管工作的通知》针对《资产评估法》中评估师制

度建立的相应的保险公估专业人员资质管理制度。资产评估师是指通过全国行业协会组织的全国统一的评估师考试的评估专业人员，而公估师是指通过了公估师考试的保险公估从业人员。对于评估机构而言，评估师和一般评估专业人员都可以参与评估活动，而对于涉及国有资产和公共利益的法定评估业务只能够由评估师承办。在保险公估领域，由于没有相应的法定公估制度，保险公估从业人员和保险公估师所能从事的公估业务没有实质区别。《中国保监会关于做好保险公估机构业务备案及监管工作的通知》中关于公估师的唯一规定是，保险公估人的设立需要有一定数量的公估师，合伙制保险公估机构需要2名以上的公估师，而公司制保险公估人需要8名以上公估师。

二、加强行业资质能力管理

《资产评估法》将评估师资格考试以及评估师资质管理交由行业协会，《中国保监会关于做好保险公估机构业务备案及监管工作的通知》对保险公估师的考试与资质管理规定也是如此。但本书认为，根据我国保险公估人的发展现状和保险公估行业自律管理的缺失，将保险公估师考试组织和资质评定完全交由行业协会并不可行。组织和管理保险公估师考试还是应当由银保监会实施。但保险公估从业人员的继续教育、培训以及等级评定等人员队伍建设的职能可以由保险公估人行业协会负责实施。保险公估行业协会也应当负责制定保险公估人及其从业人员的职业道德教育指引和执业规范。

三、建立行业信用评价体系与纠纷解决机制

通过建立保险公估人行业信用评价体系，对保险公估人进行信用等级评价，将个人的信用等级公开透明地发布在平台上，并及时对外发布保险公估人的信用变更情况。同时，保险公估人也要接受保险当事人的举报与投诉，并设立内部纠纷解决部门，聘请法律专业和保险专业人士对纠纷进行调解。通过信息化和"互联网+"模式的建立，有利于更加快速地实现保险公估行业协会的这两个职能。

四、建立行业协作共享机制

目前，保险公估人在我国不经常出现在大众视野中、业务量少与保险公估行业没有积极对外进行交流合作也有关联。保险公估行业协会应与其他保险公司、保险中介机构、保险消费者协会等进行协作交流建立健全共享机制。同时也要加强资产评估领域的内部交流，与其他类型的评估机构进行协作。

保险公估人民事法律责任属于专家责任。委托人可以要求保险公估人承担侵权责任或违约责任。第三人只能要求保险公估人承担侵权责任。对于保险公估人民事法律制度的归责原则应当适用过错推定原则，保险公估人对外承担民事赔偿责任之后，可以向有重大过失和故意的保险公估从业人员进行追偿，或者建立相应的职业责任风险防范体系分散职业风险。

监管责任方面，保险公估人的法律监管应当分为机构监管、人员监管、经营监管和责任监管四个方面。对于机构监管，市场准入制度应当适用备案制，建立保险公估人独立地位

的保障制度，对于市场退出的规定也要进一步明确。对于人员监管，应当区分保险公估从业人员和公估师的执业范围，尽快建立保险公估师考试制度。对于经营监管，应当明确保险公估人的经营范围、规范保险公估人的公估流程，以及加强保险公估人的内部组织管理。对于责任监管，应当明确保险公估人所需要承担行政责任的情形。

保险公估人现行法律制度上的不足主要体现在保险公估人的法律地位不明确、公估报告的法律效力不明确以及缺乏行业自律管理。对于保险公估人法律地位不明确我们应当开发部分公共领域的法定评估、构建保险消费者公估权利的提示制度，以及建立资质认证和能力认可体系。对于保险公估报告的法律效力问题，我们应当明确保险公估报告的法律性质，依据司法实践构建保险公估报告效力认定机制。对于行业自律缺乏，应当尽快建立保险公估行业协会准入机制，明确保险公估行业协会的自律范围。

如今保险业极大地推动了社会文明的发展，而保险公估人在未来的保险行业中必定是重要的存在。完善保险公估人法律机制有助于保险公估市场的发展，从而推动整个保险业的发展。

第四节　加大保险公估业的创新力度

二十一世纪以来，互联网技术和共享经济的发展给不同行业带来了新的启迪，也给保险公估行业带来了巨大的发展机遇，当前我国保险公估行业面临诸多问题亟待解决，发展水平还有很大提升空间。本书针对当前我国保险公估行业存在的几大突出问题，在"OTO 模式"和"共享经济"理念基础上提出了保险公估共享平台概念。

保险公估共享平台基于 OTO 模式，结合了保险公估行业、共享经济和共享信息平台的特点，以保险公估行业需求为导向，目的是解决行业间存在的各种问题，利用现代信息技术，结合保险公估业务流程，整合保险公司、保险公估师、各领域专家和保险消费者资源，建立彼此之间的联系，为参与平台的机构系统之间提供集成的信息、服务等资源共享的平台。保险公估共享平台充分利用平台信息数据、公估师专家等资源，促进行业之间的联通，避免资源浪费。通过保险公估共享平台对公估资源进行整合利用，保险公估共享平台将实现几大功能：保险公司匹配公估师功能；保险公估师获取公估案件功能；为保险消费者提供公估资源；特大公估案件整合专家和公估师功能，在实现线上建立供求双方联系、线下公估服务的同时，还建立了各参与主体之间与外部部门之间的沟通联系，实现线上支付、线下服务的现代社会经济标志性商业模式。

一、加快建立公估资源数据库

公估资源数据库的建立是创建保险公估共享平台的基础。公估资源数据库分为两个部分，一部分由平台参与主体基础信息组成，它包含了保险公司、保险消费者、公估师、专家等基础信息，为实现公估资源供求双方的匹配，为实现线上交易和线下服务提供基础。另一部分是公估业务数据库，在每笔公估案件完成后，平台都将对案件信息进行存储，为长期数据分析以及公估师评价体系的建立提供数据支持。针对这一重点，保险公估共享平台在建立数据库时，应充分考虑保险公估共享平台业务流程，将参与主体所需基本信息、公估资源供给信息和公估案件需求信息等各种基本信息以及公估业务流程中所产生的相关信息，通过标准化格式存入数据库，公估师与保险公司的基本信息、历史委托案件、历史评价信息、支付信息等都收录在数据库，为以后公估师评价和保险公司评价体系提供数据支持。

二、加快实现行业信息标准化

保险公估共享平台进行公估资源共享的前提是实现信息的标准化。信息的标准化不仅有利于平台参与主体及时获取公估数据和信息，实现公估共享，而且可以以此建立公估师评价体系。如果公估共享平台没有一个标准统一的格式，公估资源就不能在供需双方实现实时共享。信息的标准化是创建保险公估共享平台的重点之一。针对这一重点，在参与主体系统信息注册审核提交以及在公估业务流程中，各参与主体都必须严格遵循平台设置的数据格式、语言和操作程序，保证信息标准化。

三、加快完成平台数据实时共享

实时共享是指保险公估共享平台参与者应通过保险公估共享平台客户端实时提交或接收公估服务进程数据，从而实现公估业务供需双方接受实时反馈，提高信息流通效率，使公估共享平台用户能够及时掌握公估服务进程信息。实时化是提高公估行业服务效率的关键因素，平台能否实现供求双方及时有效的沟通是平台能否立足的关键因素之一。因此，保险公估共享平台参与主体应在第一时间在平台上传公估进程，以实现信息的实时化共享。

四、加快制定保险公估共享平台监督制度

保险业是金融行业的重要组成部分，是政府监管部门重点监管的行业。保险业的健康发展离不开政策的支持和有效的监管，然而我国保险行业监管一直面临各种问题，保险公估行业也不例外。中国保险市场起步晚，受经验和水平所限，制定的监管制度十分不完善。这种状况表明我国的保险监管还存在较大缺陷，还没有建立成熟完善的风险管理机制。保险公估共享平台的顺利运转需要一个严格规范的监督管理机制，银行保险监督委员会、中国保险协会等职能部门应根据市场变化，及时对于保险公估行业参与监管。如何做好监管监督维护工作将是行业亟待解决的难点。在保险公估共享平台进入市场后，政府、银保监会等监督管理部门应及时出台相应的法律法规，适应行业发展需要；建立健全的监督管理机制，实施完善的监督管理办法，从而实现对保险公估共享平台的有效监督管理，打造平台运行的良好环境。

基于 OTO 模式和共享经济的公估商业模式创新，创建新的保险公估共享平台，不仅能够提高公估行业公估资源信息的透明度，最大限度地避免信息在供求双方间的不对称，还能够解决我国公估行业面临的有效需求和有效供给不足的问题，促进我国保险公估行业的健康发展。

参考文献

［1］白广申，迟美华．保险实务［M］．大连：大连出版社，2011．

［2］蔡蒴，刘彬．银保监规定四类人群禁入保险业［N］．城市快报，2018-07-20．

［3］陈朝先．保险公估［M］．成都：西南财经大学出版社，2001．

［4］陈朝先．保险中介［M］．成都：西南财经大学出版社，2001．

［5］陈威．比较金融研究［M］．北京：经济科学出版社，2004．

［6］陈文雨，印海声．保险公估人——保险市场走向成熟的重要标志［J］．上海投资，2001．

［7］陈文雨，印海声．保险公估人是保险市场走向成熟的一个重要标志［J］．青海金融，2001．

［8］陈欣．保单条款的标准化和简明化［N］．中国保险报，2004-06-01．

［9］陈伊维．WTO 与保险公估理论与实务［M］．北京：中国发展出版社，2001．

［10］陈渊鑫．《中华人民共和国资产评估法》部分条文

的解读（五）［J］．财政监督，2019（3）．

[11] 陈渊鑫.《中华人民共和国资产评估法》部分条文的解读（六）［J］．财政监督，2019（4）．

[12] 崔浩. 中介组织评估与管理［M］．上海：上海人民出版社，2005．

[13] 崔惠贤. 保险中介理论与实务［M］．北京：清华大学出版社，北京交通大学出版社，2010．

[14] 邓成明. 中外保险法律制度比较研究［M］．北京：知识产权出版社，2002．

[15] 邓成明，廖仕梅. 中外保险公估人制度之比较［J］．华南金融研究，2001（6）．

[16] 丁凤楚. 保险中介制度［M］．北京：中国人民公安大学出版社，2004．

[17] 丁孜山. 美、英、日等国家若干保险机制或项目评析［J］．保险职业学院学报，2009（1）．

[18] 东木. 保险公估人登台亮相［N］．国际金融报，2001-03-23．

[19] 董玉凤，金绍珍. 保险公司经营管理［M］．北京：高等教育出版社，2003．

[20] 杜家廷. 借鉴国际经验监管公估业［N］．证券时报，2002-12-02．

[21] 杜家廷. 国外的保险公估业监管制度［J］．经济论坛，2003（5）．

[22] 杜家廷. 保险公估业监管制度的国际比较与借鉴［J］．金融理论与实践，2002（9）．

［23］段昆．美国保险业的监管制度及其借鉴［J］．中国软科学杂志，2003（3）．

［24］范健，王建文，张莉莉．保险法［M］．北京：法律出版社，2017．

［25］方翔．三季度世界新邮：奥运全球关注邮政题材亮眼［N］．中国邮政报，2016-10-15．

［26］郭强，闫晶怡．金融市场学［M］．哈尔滨：哈尔滨工业大学出版社，2012．

［27］郭清．中国保险公估业的发展研究［M］．北京：社会科学文献出版社，2008．

［28］何惠珍．保险中介理论与实务［M］．杭州：浙江大学出版社，2009．

［29］何惠珍．论我国保险公估人制度的建立和发展［J］．华南金融研究，2002（4）．

［30］何惠珍．保险公估人制度的国际经验及其借鉴［J］．创造，2001（9）．

［31］何惠珍．保险公估人制度的国际经验及其借鉴［J］．金融与保险，2002（2）．

［32］黄惠敏．偏重车险制约深圳保险公估业发展［N］．每日经济新闻，2010-01-12．

［33］黄庆盟．WTO与我国保险公估业的发展［J］．保险研究，2002（6）．

［34］姬凯．走近保险公估人［J］．沿海经贸，2002（12）．

［35］江生忠．保险中介教程［M］．北京：机械工业出版

社，2001.

［36］江生忠，赵春梅．保险中介教程［M］．2版．北京：对外经济贸易大学，2006.

［37］江生忠，邵全权．保险中介教程［M］．3版．北京：对外经济贸易大学，2013.

［38］金轶．我国保险中介市场发展问题研究［J］．云南财贸学院学报（社会科学版），2004（3）．

［39］寇业富，陈辉，张宁，刘达副．保险蓝皮书 中国保险市场发展分析［M］．北京：中国经济出版社，2017.

［40］李爱华．保险法律法规［M］．北京：清华大学出版社，2015.

［41］李恒光．保险中介的功能定位及其制度借鉴［J］．番禺职业技术学院学报，2003（2）．

［42］李恒光．保险中介的功能定位及其制度借鉴［J］．复印报刊资料（金融与保险），2003（9）．

［43］李琼．保险公估原理与实务［M］．武汉：武汉大学出版社，2000.

［44］李瑞钦．论我国保险公估人制度的构建［J］．福建政法管理干部学院学报，2006（4）．

［45］李晓．中国保险百科全书［M］．北京：中国环境科学出版社，2001.

［46］李致鸿．《保险经纪人监管规定》落地在即保险经纪牌照价格或起波澜［N］．21世纪经济报道，2018-02-09.

［47］林辉．保险中介理论与实务［M］．北京：清华大学出版社，2006.

［48］刘冬姣．保险中介制度研究［M］．北京：中国金融出版社，2000．

［49］刘连生，申河．保险中介［M］．北京：中国金融出版社，2007．

［50］刘茂山．国际保险学［M］．北京：中国金融出版社，2003．

［51］刘瑞朋，王德华．打造物流业第三方公证人企业（附图片、编者按）［N］．中国远洋海运报，2017-03-10．

［52］刘伟红，李琼，魏华林．论中国保险公估业的组织形式与经营特征［J］．上海保险，1999．

［53］梁永强．香港建筑市场土木工程保险的分析与研究［J］．铁道建筑技术，2009（7）．

［54］廖金红．汽车保险理赔实务［M］．北京：机械工业出版社，2013．

［55］楼继伟．促进资产评估行业健康发展［N］．人民日报，2016-07-18．

［56］卢成丹．保险公司经理实务运作全书 第2卷．［M］．北京：京华出版社，2002．

［57］马永伟．各国保险法规制度对比研究［M］．北京：中国金融出版社，2001．

［58］孟龙，姚庆海．东南亚保险公估市场的监管［N］．中国保险报，2001-04-17．

［59］任国省．保险中介牌照收紧引发资本热捧［N］．河北日报，2016-12-08．

［60］任敏．银保监会发布《保险代理人监管规定（征求

意见稿）》［N］．福建日报，2018-07-18.

［61］荣时．保监会发布《保险公估人监管规定》5 月 1 日施行［N］．福建日报，2018-02-14.

［62］沈健．保险中介［M］．上海：上海财经大学出版社，2001.

［63］沈开涛．保险市场基础知识［M］．北京：北京大学出版社，2015.

［64］施发魁；赵云．白族之乡成型文明花：人民银行洱源县支行创建"双文明单位"纪实［J］．云南金融，2003（3）.

［65］史钧．我国保险公估业的发展［J］．山西财经大学学报（高等教育版），2002（1）.

［66］宋婕，顾泰昌，李晓峰．发达国家建筑业保险制度及相关标准分析研究［J］．建设科技（上半月），2017（9）.

［67］孙秀清．国外保险中介市场监管比较与启示［J］．山东财政学院学报，2007（5）.

［68］孙珍珍，刘京立．理顺关系加快发展［N］．金融时报，2002-05-12.

［69］谭启俭，高兴华．我国非寿险潜在市场与现实市场的差异成因及转化探析［J］．复印报刊资料（金融与保险），2001（1）.

［70］唐东升，张霞．保险理论与实务［M］．北京：北京理工大学出版社，2017.

［71］唐金成，唐思．发达国家保险中介市场比较及经验借鉴［J］．西南金融，2017（2）.

［72］唐运祥．保险中介概论［M］．北京：商务印书

馆，2000.

[73] 田晓明. 美《纽约时报》发表记者专稿展望中国入世第一天 [J]. 复印报刊资料（金融与保险），2001（2）.

[74] 田玉敏. 建筑物火灾风险评估指南 [M]. 北京：化学工业出版社，2013.

[75] 王常华，林凤.《资产评估法》对房地产估价行业的若干影响 [J]. 上海房地产，2016（12）.

[76] 王海艳. 机动车辆保险 [M]. 北京：高等教育出版社，2012.

[77] 王俊娜. 我的第一本保险业入门书 [M]. 北京：人民邮电出版社，2014.

[78] 王明梅. 保险理论与实务 [M]. 厦门：厦门大学出版社，2008.

[79] 王骁. 从业人员资格认证详解 [N]. 上海金融报，2007-03-02.

[80] 王稳. 保险公估业发展的现状、问题和对策 [N]. 金融时报，2006-05-01.

[81] 王云鹏，鹿应荣. 车辆保险与理赔 [M]. 北京：机械工业出版社，2010.

[82] 汪祖杰. 现代保险学导论 新修订版 [M]. 北京：经济科学出版社，2007.

[83] 魏华林. 论中国保险公估业的发展 [J]. 保险研究，2000（4）.

[84] 魏华林. 中国保险公估业发展问题研究 [J]. 金融研究，1999（11）.

[85] 魏华林, 李琼, 刘伟红, 吴兴刚, 李金辉. 建立中国保险公估制度问题研究 [J]. 经济评论, 2000 (1).

[86] 吴兴刚. 国外的保险公估人制度 [J]. 中国保险, 1999 (12).

[87] 吴缬超. 监管规定连连指向保险公估业 [N]. 青年报, 2018-05-31.

[88] 吴缬超. 保险经纪和公估人监管新规出台 [N]. 青年报, 2018-02-13.

[89] 吴志明, 裴文林. 国际工程风险管理与保险: 风险理念、分析和对策 [J]. 工程经济, 2003 (7).

[90] 奚道同, 董玉凤. 保险学 [M]. 哈尔滨: 哈尔滨工业大学出版社, 2011.

[91] 项俊波. 保险中介从业人员资格考试教材 保险公估相关知识与法规 2013 年版 [M]. 北京: 中国财政经济出版社, 2013.

[92] 谢雅萍, 龚光敏. 车险理赔引入保险公估乃大势所趋 [N]. 深圳商报, 2005-08-18.

[93] 谢莉葳. 保险公估人能否为定损纠纷解套儿 [N]. 中国消费者报, 2005-11-11.

[94] 许飞琼. 保险中介: 在两极间飞翔 [N]. 中国保险报, 2002-02-26.

[95] 徐昆. 保险理论与实务 [M]. 北京: 北京师范大学出版社, 2010.

[96] 徐昆. 保险市场营销学 [M]. 北京: 清华大学出版社, 2006.

［97］杨波. 财产保险原理与实务［M］. 南京：南京大学出版社，2010.

［98］杨波. 中国保险专业中介机构发展问题研究［M］. 南京：南京大学出版社，2010.

［99］杨召南，徐国平，李文湘. 海上保险法［M］. 北京：法律出版社，2009.

［100］袁耀辉. 企业文化是国企改革的基础工作［J］. 中外企业文化，2001（1）.

［101］翟伟. 国际保险监管发展趋势及我国保险监管模式选择［J］. 上海保险，2005（12）.

［102］张丽华. 金融市场学［M］. 大连：东北财经大学出版社，2012.

［103］张莉. 连锁便利店的推广策略［J］. 经济论坛，2003（5）.

［104］张燕. 我国出口企业面临的政治风险及对策分析［J］. 科技信息（学术研究），2008（9）.

［105］赵国忻，何惠珍. 保险中介理论与实务［M］. 杭州：浙江大学出版社，2004.

［106］郑兆国. 关于我国保险公估业制度监管与规范经营的思考［J］. 科技信息（学术研究），2008（9）.

［107］钟杰. 新加坡的保险公估市场［N］. 金融时报，2001-01-11.

［108］钟恬，费戈，巫长生等. 保险公估业面临市场井喷［N］. 证券时报，2004-11-18.

［109］朱捷. 保险中介：发达国家的现状及其借鉴［J］.

世界经济与政治论坛，2005（3）.

［110］朱正. 新加坡保险监管运作机制的学习与考察［J］. 上海保险，2002（8）.

［111］朱正. 新加坡的保险监管运作机制［J］. 中国金融，2002（10）.

［112］庄洪胜，乔晓鹏，车安兰，韩鸥，王慧明. 最新保险法实务全书 第 3 卷［M］. 北京：光明日报出版社，2002.

后 记

　　本书为研究团队在理论与实践中对保险公估人制度总结形成的阶段性研究成果。尽管我国保险公估业市场发展迅速，但同时也面临着较大的瓶颈与困惑，尤其是缺乏可供借鉴的成熟理论与实践经验，很多保险公估公司的发展都是在"摸着石头过河"，试错成本让人望而生畏，严重阻碍了保险公估业的发展。然而，当前学术界针对保险公估人制度的研究较少，尤其是缺乏系统性的著作成果，不能为行业发展提供所需的经验。

　　本研究团队自 2019 年开始通过查找国内外保险公估人制度的相关资料，并深入保险公估公司进行走访调研，历时 3 年形成这一份仍不够完美的阶段性总结报告。在这其中，研究团队也深刻体会到了国内外保险公估资料的匮乏及难以获取，尤其是在研究国外保险公估人制度时，面临着法律体系存在差异、外语语种存在差异、资料内容零星分散的难题。但无论过程有多坎坷，研究团队都不忘初心，以饱满的热情完成了艰巨的研究任务。

　　在本书的写作过程中，首都经济贸易大学金融学院保险系的研究生和本科生参与了部分工作，其中 2019 级保险专业硕士生王志刚、孙浩和王亚鹏参与了书稿第一章、第四章和第五章的资料收集和整理工作；2017 级保险专业本科生韩雁冰、凌子怡和刘萱参与了书稿第二章、第三章和第七章的资料收集和整理工作。此外，以本成果第六章内容为依托，形成了2017级保险专业本科生韩雁冰的学位论文，本成果也起到了学生培养的作用。同时，感谢北京格林保险公估有限公司的王宁总经理及北京市场部的各位负责人，对研究过程中的调研与访谈工作给予了大量支持。最后，本书的顺利出版还要感谢中国金融出版社肖炜和方蔚两位老师的帮助与支持，正是由于两位老师细致、耐心的工作，才能使本书更加精致地展现在大家面前。由于作者能力有限，内容难免存在不足之处，以期通过本成果抛砖引玉，引发更多专家学者对该领域的持续研究，为中国保险公估业的繁荣发展贡献一份微薄之力。

赵　明
2022 年 4 月 10 日